「反復帰論」を再び読む

沖縄タイムス社編

はじめに

2022年5月15日、沖縄県は日本国に「復帰」して50年を迎えました。

かつて琉球という国だった沖縄県は、1879年に明治政府によって日本国に強制的に組み入れられ、1945年の沖縄戦で多くの人の命や風景が破壊され、アメリカの軍事基地が敷かれ、統治が始まりました。

戦後、日本国が復興していく一方、アメリカの統治下に置かれた沖縄では、人々の土地が強制的に取り上げられ、アメリカ人が事件、事故を起こして沖縄の人々の命や財産が失われても処罰や補償がないなど、人権が尊重されない状況でした。

そこからの脱却を求めて起こったのが、「祖国復帰運動」でした。子どもからお年寄りまで、たくさんの沖縄の人々が日本国に「復帰」すれば、軍事基地が撤去され、人権が尊重される、豊かな生活を享受できると夢を描き、「祖国復帰運動」に身を投じていきました。

しかし1969年に日米両国が決めた「復帰」のかたちは、アメリカの軍事基地が残るというものでした。「祖国復帰運動」の「復帰」を求めた部分だけが利用され、沖縄の主張は足元をすくわれた形になりました。

なぜこうなったのか。自らを省みる中で、日本国を「祖国」とみなす、心情的、感情的な復帰運動への批判が、沖縄の中から誕生しました。「異民族統治」から脱却し、「祖国」に「復帰」すれば沖縄の課題はすべて解決する――。かつて琉球という国だったという自立の歴史や、日本人としての教育の結果、戦争の捨て石となった記憶を忘却し、日本国が「祖国」だという幻想に依拠するその考えを批判し、沖縄の思想的な自立を妨げるものだと指摘したのです。

今、「反復帰論」と呼ばれるその思想は、１９７０年12月、沖縄タイムス社が刊行した雑誌『新沖縄文学』18号の特集「反復帰論」で初めて名付けられました。沖縄の主流が「祖国復帰」を求め、日本が「返還」を目指していた時に発表された『新沖縄文学』18号と、続いて「続・反復帰論」を特集した19号は世に衝撃を与えました。復帰・返還運動の側から大きな反発を受けた一方、日米両国が決めた「復帰」に失望した若い世代からの熱い支持を受けました。『新沖縄文学』以降、新川明（敬称略、以下同）、岡本恵徳、仲宗根勇（以上本書に所収）、川満信一（18号、19号には執筆なし）らが、それぞれの思想を深め、現在呼ばれるところの「反復帰論」となっていきます。

私たち沖縄タイムス社出版コンテンツ部にとっても、『新沖縄文学』の反復帰論特集は象徴的な刊行物だといえます。

沖縄は日本国に「復帰」し50年がたちましたが、アメリカの軍事基地は残り、さらに軍事的脅威を名目に自衛隊が増強されています。沖縄の自立を思想的に主張した「反復帰論」は、今なお古びることなく、現在に警鐘を鳴らしているといえるでしょう。

この本には、『新沖縄文学』18号と19号に収載された9編の論文のうち8編（1編は再掲の許可を得るに至りませんでした）を収録し、「反復帰論」が生まれた背景の解説を小松寛氏に、「反復帰論」の現代的意味の解説を仲里効氏に寄稿いただきました。

今、「反復帰論」を読む。自由に生きるために沖縄の人々を勇気づけ、決意を促す言葉がそこにあると信じます。

２０２２年５月15日　沖縄タイムス社出版コンテンツ部

「反復帰論」を再び読む　目次

『新沖縄文学』19号　特集　続・反復帰論　83

【解説1】

「反復帰論」誕生の背景

小松　寛

「反復帰論」とは、文字通り1972年の沖縄の日本復帰に反対し、異議を申し立てた思想である。この「反復帰論」という言葉が広く知られるようになったきっかけが、1970年刊行の『新沖縄文学』18号の「特集・反復帰論」および翌年19号の「特集　続・反復帰論」である。その思想の主な担い手は当時沖縄タイムス記者の新川明と川満信一、大学教員の岡本恵徳、公務員の仲宗根勇であった（川満は『新沖縄文学』18号、19号には参加していないが、1970年刊行の谷川健一編『沖縄の思想』に川満の論稿が新川、岡本らとともに掲載されるなど、同時期から「反復帰論」者として論陣を張っている）。彼らの主張内容は全く同じではないが、最大公約数的にまとめれば、沖縄の日本復帰を拒否し、沖縄民族意識を基盤にしながら日本という国家を否定する思想であったと言えよう。その具体的な内容は本書所収の論稿をご覧いただくとして、なぜ「反復帰論」は日本復帰から50年を経た今日においても参照され、議論され続けているのだろうか。それは「反復帰論」が提示した論点、すなわち日本復帰は沖縄にとって本当に正しい選択なのかという疑義が、ある一面では正鵠を得ていたのではないかという点に尽きる。このような「反復帰論」はどのように生まれ、展開してきたのか。この小文では「反復帰論」が誕生した経緯を確認しながら、その理由を考えてみたい。

米軍による沖縄統治と「反復帰論」

太平洋戦争後、沖縄は米国の占領下に置かれた。1952年のサンフランシスコ平和条約の発効をもって、沖縄は正式に日本本土から切り離され、米国による統治が継続することが決定する。当時は中華人民共和国の成立や朝鮮戦争など、東アジアにおいて自由主義陣営と社会主義陣営の対立が顕在化してきた時期であった。このような国際環境の下、アメリカは沖縄を軍事戦略の要衝として位置づけ、強制的な土地の接収を伴う基地建設を進めた。米国による沖縄統治は住民の人権や自治よりも軍事的な都合を優先したため、その実態はいわば植民地であった。沖縄の政治指導者の中には対米協調路線をとるものもいたが、新たな基地建設に反対する民衆運動は大きなうねりとなり、それは「島ぐるみ闘争」と呼ばれた。しかし沖縄の反基地闘争は新基地建設を阻止することはできなかった。そこから沖縄では平和憲法を有する日本に復帰し、その憲法によって人権と自治を回復しようとする日本復帰運動が高まっていく。

このように米国による圧政が露わになり、それに対して沖縄住民が激して抵抗してきた1950年代に、琉球大学の学生であったのが新川、岡本、川満である。当時の彼らは同人誌『琉大文学』のメンバーとなり、文芸活動を行なっていた。そこでは日本本土の論壇から社会主義リアリズムや国民文学論を学ぶことで社会への批判的眼差しを体得した。そして米軍統治への批判や沖縄民族文化へのこだわりなど、現実の沖縄社会に対する問題意識を強めていった。1950年に米軍政下で設置された琉球大学は、親米反共産主義人材の育成という政策意図がその根底にあった。しかし皮肉なことに、その軍政に対して批判的な若者が集い、社会的矛盾を看破する論理的思考と理論を身につけ、その批判を表明する場となっていたのである。しかしながら（それゆえに）、『琉大文学』は発禁処分となり店頭から回収された。さらに反米的言動があったとの理由で同人3名が退学、

1名が停学処分となった(いわゆる「第2次琉大事件」。『琉大文学』のメンバー以外にも3名が退学処分)。

このように後の「反復帰論」の担い手たちは、学生時代に『琉大文学』の同人活動を通じて、植民地状態にあった沖縄社会を憂い、その解放の必要性を訴えていく。しかし、当時の彼らは日本本土に対しては憧憬の眼差しを送り、少なからず日本を祖国として認識していたようである。

60年安保闘争と「反復帰論」

若かりし「反復帰論」の担い手たちは日本への憧れを有していた。しかしそれが失望の対象となるきっかけのひとつが、1960年の安保闘争であった。1957年に発足した日本の岸信介内閣は、旧日米安全保障条約の不平等性を解消するためその改定を目指す。しかしサンフランシスコ平和条約によって日本の主権が回復したにも関わらず、米軍が日本に駐留し続けることは、実質的な占領体制の継続を意味するとして革新勢力は批判した。またソビエト連邦や中国を敵視することは、アメリカの戦争に日本が巻き込まれるとの危惧があった。1960年、このような危機感から革新勢力のみならず一般市民、学生、文化人を巻き込んだ安保闘争が展開された。

この安保闘争は激しい民衆運動として展開されていたが、沖縄の問題は十分に認識されていなかった。例えば、60年5月にアメリカ下院議会が沖縄へのメースB(核ミサイル)基地建設を承認するが、安保闘争内では問題にされなかった。また、安保改定においてはその適用地域(共同防衛地域)に沖縄を含めるか否かが問題となった。沖縄を適用地域に含めるということは、仮に沖縄が攻撃された場合、米国と共に日本も防衛に当たらなければならない。岸自身は将来の返還を見越して沖縄・小笠原への適用を希望していた。しかし、適用地域の拡大は、野党はもとより自民党内部からも批判を受ける。なぜならば、日本本土が戦争に巻き込まれることを問題視したからである。安保闘争の原動力である「日本の平和を守る」という願望と、沖縄問題は根本的に対立していた。

この安保闘争における沖縄問題の軽視は、一方では復帰運動を強化させる方向へと動かす。その具体例が1960年4月28日の沖縄県祖国復帰協議会（復帰協）の結成である。革新政党や沖縄教職員会などが参加し復帰協が成立した背景には、安保改定をめぐる日本本土側の政局において、沖縄が「棄てられる」ことへの危機感があった。

他方で「反復帰論」にとって安保闘争における沖縄問題の欠如は異なる意味を持つ。それは日本に対する失望であった。例えば新聞記者であった新川は1960年に大阪へ赴任した。新川は日米安保に反対する集会やデモを連日目にするが、そこには沖縄問題が抜け落ちていることに気づく。安保反対運動は沖縄返還をスローガンのひとつとしながらも、その主張の本質は米国の軍事戦略の一翼を担うことへの反対でしかなかった。安保闘争では日米安保によって日本が「沖縄化」されるという批判もなされたが、そこには現実の沖縄が抱える問題への認識が欠けていると新川は考えた。

岡本も東京教育大学大学院修士課程に在学中、1960年の安保闘争に参加し、樺美智子の死に直面する。デモ活動を実施しながら学生の生命を守れなかった革新政党や労働組合に対して岡本は不信を募らせた。さらに原水爆禁止運動の分裂も相まって、日本本土の革新勢力への信頼も失う。それは完全に日本への失望を意味していた。

仲宗根勇も東京大学の学生として安保闘争に参加していた。1960年6月、激しいデモ活動の結果、アイゼンハワー大統領の東京訪問が中止となり、沖縄を経由してフィリピンへ向かうことが発表された。この時、仲宗根は「アイゼンハワーは沖縄に逃げ去った」というデモ隊の声に驚愕する。日本本土における人々の認識において「沖縄は日本ではないのか」という疑念が生じたのであった。「反復帰論」者にとって60年安保の経験は、日本という国家に対する疑念と失望をもたらした。日本復帰を目指す人々が安保闘争における沖縄問題の欠落に危機感を覚えた結果として復帰運動を推進し、日本側へのアピールを強めていくのとは対照的である。また、日本本土の革新勢力のみならず、沖縄人民党でも内部対立があり、それが「反復帰論」者たちにとって革新勢力への不信感を抱かせることになった。結果として、革新勢力が推進する日本復帰の正当性を根本から問い直し、その批判へと繋がっていく。こうして「反復帰論」は60年安保を契機として、日本にとって沖縄とは何か、日本国とは何か、そして国家とは何かを問うことでその思想を深めていく。

ヤポネシア論と「反復帰論」

「反復帰論」が日本と沖縄、そして国家と関係を問い直す際に参照したのが、日本側知識人の議論である。彼らの論稿からは島尾敏雄、谷川健一、吉本隆明、大江健三郎などの名前を見ることができる。日本側の知識人との議論そして交流から、「反復帰論」は育まれていった。その中でも特に強く影響を受けたと思われるのが、作家の島尾敏雄であり、１９６０年代初頭に彼が提唱した「ヤポネシア論」であった。

島尾のヤポネシア論とは、日本を中国大陸からの影響を受ける吹き溜まりの地域としてではなく、南太平洋から連なる島々の北端として捉えなおす試みである。そこでは日本列島を「東北」、「中央日本」、「琉球弧」と色分けし、日本内部の多様性を強調することで日本自体を相対化しようとした。１９６０年代後半には沖縄返還が現実味を帯びるに従い、谷川健一や吉本隆明、大江健三郎もヤポネシア論から波及するように沖縄を梃子として、天皇制を中心とする均一的な日本ではない、異なる姿を持つ日本像の構築を図った。

その頃の沖縄では日本復帰運動によって日本と沖縄の一体性、共通性が強調され、教育現場では標準語の使用が奨励されていた。日本と同一化するために、沖縄独自の言葉や文化などが軽視される状況において、文化的側面から琉球弧の存在意義を強調したヤポネシア論は、「反復帰論」にとって沖縄の独自性を肯定するものとして受容された。しかし「反復帰論」はヤポネシア論をそのまま受容したわけではない。島尾のヤポネシア論自体は日本内部の権力構造への批評や国家論として展開されたものではなかったが、「反復帰論」者はこれを国家論として読み替えた。それは中央日本と琉球弧の間にある緊張関係や権力構造への洞察を怠らなかったことを意味する。こうしたヤポネシア論の国家論への読み替えは、「反復帰論」者が「国家としての日本」に抵抗するために必要な営みであった。

沖縄返還への期待と失望

沖縄返還が日米関係上の現実的な政治課題となったのは、１９６４年の佐藤栄作政権の発足を契機とする。当時の日本は高度経済成長を成し遂げ、東京五輪を開催し、先進国の仲間入りを果たしていた。これは敗戦で傷ついた日本のナショナル・プライドへの慰撫となった。首相となった佐藤は次なるナショナル・プライドの充足の手段を模索する。核兵器保有や憲法改正なども候補に上がったが、最終的に沖縄の返還を目指す。65年、佐藤は首相として初めて沖縄を訪問し「沖縄の祖国復帰が実現しない限り、戦後は終わっていない」と演説、沖縄返還への意欲を示した。

沖縄では1968年に琉球政府行政主席選挙（現在の県知事選挙に相当）が初めて実施された。この選挙で「即時無条件全面返還」を掲げた屋良朝苗（革新）が、「本土並み」を公約とした西銘順治（保守）を破り当選した。沖縄住民は復帰の方針として基地のない沖縄を即時かつ無条件で目指すことを選択した。

このように日本・沖縄から高まる返還要求に対して、米国としてはベトナム戦争の出撃拠点となっていた在沖米軍基地の機能が維持されるのであれば、沖縄返還に応じるのもやぶさかではなかった。日米は交渉を重ね、1969年11月、ついに佐藤首相とリチャード・ニクソン大統領は「核抜き・本土並み」の沖縄返還を表明した。しかしそれは米軍基地が沖縄に残置されることを意味しており、沖縄側が求めた基地撤去は実現しないことが明らかになった。沖縄に配備されていた核兵器の撤去についても、その実現については当時から疑問視されていた。そして今日ではこの時に有事の際に核兵器の持ち込みを認める密約がアメリカの大統領と日本の首相の間で交わされていたことが明らかになっている。

米軍基地が維持されたままでの日本復帰に沖縄では歓迎一色とはならなかった。1971年、沖縄返還協定の調印および批准への抗議のためゼネストが二度（5月19日、11月10日）実施された。1972年5月15日、沖縄返還を記念する式典が東京と那覇で開催されたが、同日に復帰協はあくまで基地の撤去を求めるとして抗議集会を開催した。

反戦復帰論・沖縄独立論・「反復帰論」

現実の日本復帰が沖縄側で望まれていた日本復帰とあまりに乖離していたため、「反復帰論」以外にも日本復帰に異議申し立てを行った主張が登場した。それは反戦復帰論と沖縄独立論である。ここでは反戦復帰論と独立論の内容を確認し、「反復帰論」との違いを把握することで「反復帰論」自体の特徴を理解する助けとしたい。

反戦復帰論は、日本復帰運動の過程で提起された復帰思想のひとつである。これは日本復帰運動を主導した組織、人々が提唱した。反戦復帰論にとって沖縄の日本復帰はあくまで戦争と軍事基地を否定し、日本国憲法による平和主義の実現を目指すものである。そして日本復帰は当時世界的に展開されていたベトナム反戦運動と連携し、アジアへ平和をもたらすものとしてあるべきという主張であった。

反戦復帰論の立場をとった論者の一人が大田昌秀である。大田は著書『醜い日本人』にて沖縄を米軍政下に置き続けた日本の「差別」の問題を取り上げる。そのような日本人を大田は「醜い」と批判するが、復帰論者として「沖縄の九六万の日本人」と表現するように、沖縄住民はあくまで日本人であるとの認識を示す。そして、沖縄に平和をもたらす施政権返還の実現のために、本土の日本人と沖縄の日本人との連帯を求めた。

この反戦復帰論が日本による沖縄差別を糾弾する点は「反復帰論」と同様である。しかしアイデンティティのあり方に着目すれば、反戦復帰論は沖縄の人々を日本人とする点において、沖縄民族意識にこだわった「反復帰論」とは明らかに異なる。また、反戦復帰論は日本に対する期待を維持している点も、日本という国家を否定すべき対象としていた「反復帰論」と異なる。

もう一つの日本復帰に対する異議申し立てが沖縄独立論である。沖縄返還を決定する1969年11月の日米首脳会談の約1カ月前、「沖縄人の沖縄を作る会」の結成が告知された。ここには当間重剛（元琉球政府行政主席）や山里永吉（文化財保護委員長）のほか、企業経営者などが参加していた。沖縄独立論が主張された理由はアメリカ占領下における既得権の維持であった。そして独立を主張したもう一つの根拠が、琉球王国としての歴史であった。山里は著書『沖縄人の沖縄―日本は祖国に非ず』にて琉球王国の歴史がいかに誇り高きものかを繰り返す。この沖縄経済の重視と歴史および文化の独自性の強調は、米軍による沖縄統治政策、すなわち経済政策の推進と沖縄民族意識を刺激することで日本復帰運動への楔とする、親米派沖縄人の養成と一致していた。ここからは彼らの目指す沖縄独立は純粋な自主独立というより、米軍基地の残置を前提とした、米国の強い影響下にある国家が想定されていたことがわかる。

なお、本書に所収されている大江健三郎「沖縄の友人への手紙」には「台湾からの資金による、沖縄独立論といった、ちょっとした冗談のようなかたちで口に出されたたぐいの動き」という記述がある。最新の研究によれば日本復帰に反対するよう中華民国（台湾）が沖縄の保守派財界人へ働きかけていたことが外交文書から明らかになっている（成田千尋『沖縄返還と東アジア冷戦体制』）。台湾の国民党政府は沖縄返還によって在沖米軍基地の機能が制限された場合、中華人民共和国からの脅威に対する米国の軍事的関与が弱まることを懸念していたため、沖縄独立運動を支援していたのである。

「反復帰論」と独立論の違いも確認しておきたい。まず「反復帰論」は国家自体を否定したため、「沖縄国」の成立にも否定的であった（復帰後は沖縄独立論に対して容認する姿勢も示す）。また、その出自は米国による沖縄統治への抵抗にあるので、米国の影響下にある沖縄国という可能性も排除される。また、「反復帰論」は琉球・沖縄の歴史や文化は重視するが、琉球王国をアイデンティティの基底とすることはなかった。これは国家権力の否定を肝要とするため、士族と民衆との間に支配構造が存在する琉球王国はその思想的支柱にはなり得なかったためであろう。「反復帰論」はあくまで沖縄の個人もしくは共同体をベースとしてあるべき沖縄を構想したのである。

日本復帰後の「反復帰論」

「反復帰論」は復帰後も沖縄社会において重要な議論を提供し続けた。ここでは二点に絞って紹介しておきたい。ひとつは『新沖縄文学』48号の特集「琉球共和国へのかけ橋」である。日本復帰から10年を経た1981年に企画されたこの特集の目的は、仮に「琉球共和国」が成立した場合、どのような憲法がふさわしいかという思考実験であった。この中で川満は「琉球共和社会憲法C私(試)案」を、仲宗根は「琉球共和国憲法F私(試)案」を発表した。特に川満の憲法案は名称が「共和国」ではなく「共和社会」となっていることからも分かる通り、その最大の特色は国家の廃絶というラディカルさにある。この憲法案の思想的意義をめぐっては、『琉球共和社会憲法の潜勢力』(川満信一・仲里効編)としてまとめられている他、西川長夫、上野千鶴子、萱野稔人、新城郁夫、高橋哲哉といった面々が肯定的あるいは批判的に論じている。国家の論理に翻弄された地域である沖縄から提起された国家なき社会という思考実験は、改めて「我々にとって国家とは何か」という根源的な問いを突きつけ、多くの論者による議論を触発したと言える。

もうひとつは「居酒屋独立論」論争である。1995年、米兵による少女暴行事件をきっかけに沖縄では再度、反基地運動が高まった。日本政府と沖縄県は軍用地の強制使用をめぐって裁判で争ったが、司法は強制使用を合憲と判断した。日本復帰が期待した、平和憲法による基地の整理縮小が進まないという現実を受けて、沖縄独立論が盛り上がりを見せた。この状況を歴史家の新崎盛暉は「居酒屋独立論に過ぎない」と批判した。沖縄において必要とされるのは、居酒屋で独立論を語るような現実逃避ではなく、地道な反基地運動であるというのが新崎の主張であった。これに反論したのが「反復帰論」者である。新川は居酒屋で独立論を語ることができる沖縄社会の変化こそが画期的であり、独立を含めた多様な沖縄のあり方を論じることの重要性を指摘したのであった。

今日でも沖縄の在り方については単なる都道府県のひとつのみならず、特別自治州や独立国といった多様な可能性が議論されてきている。沖縄でそのような議論を可能とする言論空間が構成されてきたのは、「反復帰論」の貢献のひとつとして差し支えないのではないだろうか。

ここまで、「反復帰論」が誕生した経緯を追ってきた。筆者の考える「反復帰論」の思想的真髄は、沖縄アイデンティティに立脚しながら沖縄にとって最もふさわしい政治的社会的な形を模索した点にある。沖縄は平和（基地撤去）と民主主義（自治）を求めて日本に復帰した。しかしいまだ日米両政府の意向によって広大な軍事基地が残存し、新たな基地建設に対して民意は明らかな拒否を示しているにもかかわらず、その工事が強行されている。この現実に鑑みれば、日本復帰によって目指された平和と民主主義の実現は不十分と言わざるを得ない。この意味で約50年前に「反復帰論」が示した危惧は極めて正当であった。

このような状況下にある今日の沖縄政治に、沖縄アイデンティティを前面に打ち出した政治家が登場した。翁長雄志である。翁長は県知事選挙において「イデオロギーよりアイデンティティ」をスローガンとし、沖縄アイデンティティの訴求力を前面に出した。現実の政治において沖縄アイデンティティが求心力を持ち、それによって凝固された民意を支えにすることによって日本政府との対峙を可能としたのである。日本復帰から50年、沖縄をめぐる政治において沖縄アイデンティティはますます重要な要素となっている。あるべき沖縄民族意識とは何か、日本国と沖縄との関係とはいかなるものか、沖縄アイデンティティに基づきながら日本という国家に対峙するとはどういう意味なのか。これらの問いに徹底的にこだわり続けた「反復帰論」の思想的叡智の価値は、いまだ不変である。

【主要参考文献】

新川明『沖縄・統合と反逆』筑摩書房、２０００年
岡本恵徳『「沖縄」に生きる思想：岡本恵徳批評集』未來社、２００７年
川満信一・仲里効編『琉球共和社会憲法の潜勢力：群島・アジア・越境の思想』未來社、２０１４年
小松寛『日本復帰と反復帰：戦後沖縄ナショナリズムの展開』早稲田大学出版部、２０１５年
小松寛「沖縄から平和憲法を問い直す」佐藤幸男・森川裕二・中山賢司編『〈周縁〉からの平和学：アジアを見る新たな視座』昭和堂、２０１９年
仲宗根勇『沖縄差別と闘う：悠久の自立を求めて』未來社、２０１４年

こまつ・ひろし　成蹊大学アジア太平洋研究センター主任研究員。１９８１年生まれ。早稲田大学大学院社会科学研究科博士後期課程単位取得退学、博士（学術）。主な著書に『日本復帰と反復帰―戦後沖縄ナショナリズムの展開』（早稲田大学出版部、２０１５年）など。

凡例

送り仮名、数字の表記などは当時のままとした。

明らかな間違いは修正した。

旧漢字は新漢字に改めた。

『新沖縄文学』18号の「特集・反復帰論」には、知念栄喜氏の「声の中の声」も収載されているが、著作権者の許可を得るに至らず、本書への収載を見送った。

『新沖縄文学』について

「沖縄タイムス芸術選賞」の文学部門の選抜作品を掲載する文芸誌として１９６６年４月に創刊。４号（67年）で発表された大城立裕作「カクテル・パーティー」は同年、沖縄で初めての芥川賞を受賞した。26号（74年）から「文化と思想の総合誌」として特集中心に編集。93年に95号を発行して「休刊」した。

『新沖縄文学』18号

特集・反復帰論　1970年12月10日発行

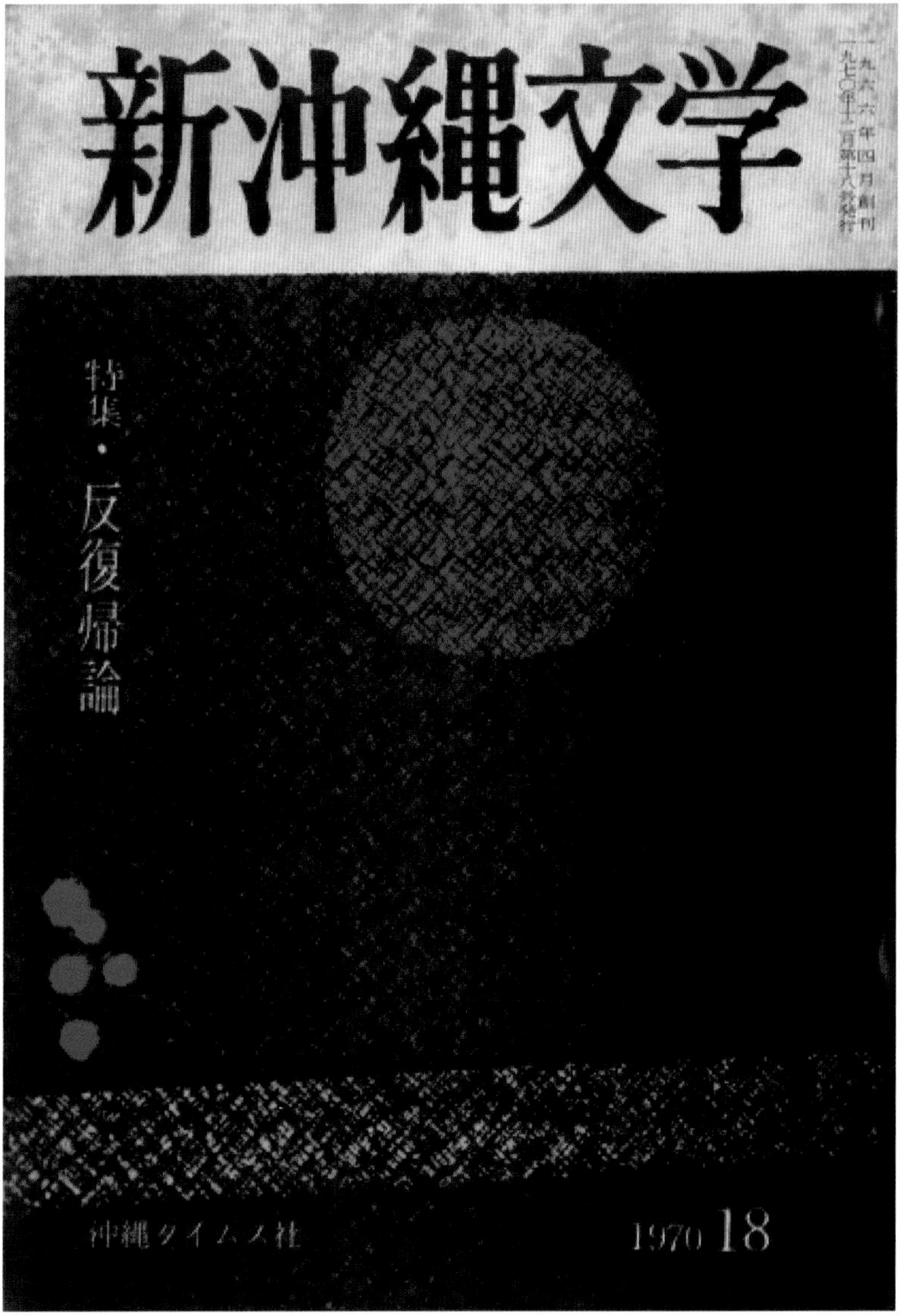

特集・反復帰論

かつて「新沖縄文学」の編集上の主要テーマとして「私の内なる日本」を特集した。戦後アメリカの占領下で、いくたの紆余曲折を経て、いよいよ復帰の時点が設定される気配を身近に覚えて、わたくしたちに自ら問いかけた質問であった。

戦後、民主主義というものを問い質しながら、その作業を曲りなりにも行なってきた主体（沖縄）が、沖縄人自身であったとすれば、わたくしたちにとって日本（祖国）とは何かという深い疑惑に答えることはついにできなかったが、ここで再び、その問い直しをすると仮定すれば、いきおい、困難な日本と沖縄の因縁並に位置について問いなおさなければならない。

一九七二年という復帰は、日・米両政府の権力者たちによって設けられた。この既定の上を否が応でも走らなければならぬ、不条理なレール、それも多分に幻影と仮説に満ちた架空のレールを前にして、わたくしたちは再び仮構を叩いて模索をする。

即ち、「反復帰論」を編む真の目的はそこにある。

全体論に対する個の問題、体制の中へ没入する個の抹殺。これは、なんといっても容易ならぬ問題であろう。このいらだちが一口にいって、沖縄に許された当然の発言とすれば、それは苛酷な歴史と、その上に立つ回帰ですらある。唯一の、かけがえのない精神的埋蔵量が地下につらなっているのを発掘する作業は、これからであり、今号と次号の二回にわたって特集する〃反復帰論〃は、その端緒となる。

大城　立裕

おおしろ・たつひろ　１９２５年中城村生まれ。作家。67年、小説「カクテル・パーティー」で沖縄出身者として初の芥川賞を受賞。15年に短編小説「レールの向こう」で川端康成文学賞、19年に井上靖記念文化賞を受賞。２０２０年10月27日死去。

文化創造力の回復

大城 立裕

ひろい意味の文化史的問題として、日本復帰すべきか否かは、それほど問題ではない。

たとえばここに一枚の新聞がある。沖縄タイムス一九七〇年一〇月一八日付一五面の日曜カラー・ページに〝教育制度二十五年の映像〟を説いて、写真が小学生の騎馬戦なのだが、その写真説明に、

「日本人でありながら二十五年間も日本国憲法を知らず恵まれない環境の中で、それでも負けず、子どもたちは『日本人』としてすくすく育っている」

とある。

この記事はあるいは、教育基本法に「日本国民として」教育する旨をうたった精神をひきついでいるのかも知れないが、写真キャプションとして安易にこのような表現をする態度を意識的にすてるべき時期にきているのではあるまいか。すくなくとも、おなじ記事の本文で教育委員選挙制擁護や教育指導要領批判をしている態度との、微妙な矛盾を、はっきりと自覚しなければならない。

一方はつくられた観念であり、一方は潜在意識である。

おもえば戦後、私たちの民族意識というものは、いかに微妙に、またはげしくゆれてきたことか。戦争からサンフランシスコ条約にいたるまでの、一連の本土からの裏切りのなかで、戦争中わすれていた明治以来の恨みつらみを思いおこし、事ごとにそれを口にしながらも、やはり日本復帰へ盲目的につきすすんできた喜劇を

おもいだしてみると、よいのである。

一九六七年の第一次佐藤訪米以後、ようやく「第二の琉球処分」だなどといっているけれども、この流行語の原典だといわれている拙作『小説・琉球処分』は一九六〇年に書かれ、「復帰して果たしてよくなるかということは、神のみが知り、歴史のみが実証し得る」（「現地からの報告・沖縄」二四九ページ参照）と私が書いたのは、一九五四年である。私はあの論説を情緒的に非難され、恥じの小説を書いたと叱られた。

このような世論の来しかたというものを、いまでは省みて自己批判する向きもあろうけれども、それもしかし観念の上だけであって、潜在的にはどうにもなるものではないと思う。その証拠を、このごろいろとみる。

「沖縄」に「県」をつけなければ、どうして落ちついておれないのか。「私たちは日本人です」と叫ばなければどうして生きられないのか。「アメリカに包みこまれまい」と用心するこころから出てきたのはわかるとしても、それをいかにも本質的なことであるかのように、民族運動の中枢にすえてきたおかげで、思想の動脈硬化におちいったのだ。

親戚の幼稚園生が、最近本土へ旅行につれていってもらったら、旅館で女中たちから「どこから来たの」と問われ「日本から」とこたえて、大笑いになった。その子はべそをかいて、「沖縄は日本じゃないの」と抗議したというが、「沖縄は日本です」という看板はアメリカに対してのみ有効なのであった。それを後生大事にかかえて、「沖縄県祖国復帰協議会」などという看板を墨守しているうちに、「たかが四十七分の一県」という言葉がはねかえってくることになったのである。

「本土復帰」という言葉が、いつごろはやりだしたか、しらべてみる必要がある。「祖国復帰」「日本復帰」は沖縄がわが言いだしたものであろうが、「本土復帰」はたぶん本土がわのいいだしたことだ。一九六二年ごろ本土政府が沖縄問題にめざめはじめたころから、沖縄にたいして「内地」「日本」という表現をつつしみ「本土」という表現を意識してつかいはじめた。そして、沖縄を同情の眼でみる風潮がではじめた。同情を拒否する姿勢は沖縄がわにあったけれども、「本土復帰」という言葉は、そのなまあたたかさを容易にうけいれ、そのなかにひそむ秘密の毒に気づかずにきた。この言葉のなかには、沖縄をこれから本土ペースにまきこんでいくことの予言がある。そして、それを沖縄がつかいはじめたとき、それを予諾する、というよりみずから進んでそのペースにのめりこんでいこうとする、怠惰な志向がある。

このような無自覚な本土志向があるかぎり、復帰してもしなくても、本質はおなじである。

復帰反対の声がこのごろかまびすしいが、なぜもっとはやく、たとえば一九五三年（復帰運動のすべりだし）から六五年（本土政府が腰をあげた）ごろまでのうちに論じられなかったか、というのが、私のごまめの歯ぎしりである。いまごろ発言したところで、火事場泥坊のようなものだ。過去に経済面から提起されたことはあったが、復帰運動のがわがこれを黙殺したことにも、私は憤りをもった。このような大事なことを百家争鳴の場にもちこんでこそ、全住民の復帰問題であったはずなのに、それを黙殺したということは、復帰したあとのマイナス面に自ら大きく責任を負うてしかるべき、ということであろう。それもしかし本土志向が本能的盲目的なものであったのだとみれば、やむをえないとも思われる。

かつて幾人かの論者から、「いずれは日本復帰するのだから、当面は沖縄自体の力をたくわえよう」という発言があった。これは現下のアメリカ支配の体制に対する批判を語っていない点で欠陥があるが、盲目、怠惰な復帰姿勢への反省をふくんだものとして、一面の予言的真理をふくんでいた。沖縄にあるべき「主体性」とは、こうして二つの顔をもっていなければならない。ひとつはアメリカの不当支配にたいする抵抗であり、もうひとつは、本能的な本土志向にたいする理性的反省である。ただ、政治的アクションにとって、この二つの顔をあわせもつことはきわめて困難であるが、教育や文化、あるいは政治家の究極の姿勢として、これをもつことは、あながち困難でもなかったはずである。ただ、その一面だけを強調することが、きわめて勇ましく推進力をもった人間とされた。

念をおすようだが、政治制度として日本復帰して沖縄県になるべきかどうか、ということは、沖縄の文化生命にそれほど問題ではない。その制度を基底で支えるところの、文化創造力が問題なのである。一県なみにくみこまれたときに四十七分の一の勢力におしかためられる、ということは、それだけ抵抗力に自信のないことである。中央集権勢力の絶対力はある程度やむをえないではないか、とはいいながら、それでもなお、具体的に折衝の場でどれほど自信と説得力をもつかということで、違ってくるはずである。国政参加にしても、系列化で政党エゴイズムのペースにまきこまれるとはいいながら、ある程度議員個人の勉強で説得力をもちうるはずである。このエネルギーが磨滅しているようだ。「本土の責任」うんぬんと、二十五年を言いくらしてきているうちに、自分の創造力が硬化してきている。

沖縄独立論がしかし、歴史、文化をふまえていわれるときも、遺産としての文化財あるいは文化経歴だけが表にうかびあがっていて、現代の文化創造能力がどうかということには、きわめて関心がうすい。きわめて卑近な例をもちだすと、数多く書かれる文学作品にしても、本土や西洋のへたなまねごとばかりに終始しているものが、どんなに多いことか。かりに、制度的に独立したところで、これではしかたがない。

「反復帰論」というテーマをあたえられたけれども、ここでいう復帰とは、私のばあい「東京」に象徴される日本の腐敗文化に盲目的に追随していくことを意味しており、その性根をすてようと提案していることにほかならない。真の「復帰」とは、文化創造力の回復だと考えたい。一見二つの顔をもつ沖縄の主体性の、血液はやはり一つである。そのような文化的体制を沖縄がとりうるならば、そのときおそらく本土の各地方の土着もこれに呼応するだろうし、日本文化が中央集権から脱却する契機ともなるはずである。沖縄の日本復帰はそれでこそ意味があり、そのときはやはり「本土復帰」ではなく、生まれかわるべき「日本」への復帰であるはずなのだ。見かたによればそれは、沖縄の本土への復帰ではなく、本土の日本復帰だということになるのかも知れない。

くりかえして象徴的にいえば、「本土復帰」という言葉からすててかかるべきだ。

（作家）

瑚珊太郎（牧港篤三）

まきみなと・とくぞう　1912年那覇市生まれ。元沖縄タイムス社専務、沖縄戦記録フィルム一フィート運動の会代表。戦前に軍部に加担した戦争報道の反省を出発点に、故高嶺朝光、故豊平良顕氏らとともに沖縄タイムスを創刊。50年に太田良博氏と『鉄の暴風』を執筆。2004年4月14日死去。

非日本人的日本人として――復帰への座標軸――

珊瑚 太郎

『すぐれた対立者はいないか、対立者はいないか、わたしは、こんな呪文を一二年来、胸のなかでくりかえしてきた。現在では、どこを探しても敵になにかをあたえるすぐれた対立者は、存在しなくなっている。わたしにとって、彼はいつも卑小な敵であり、かれにとってはわたしはいつも卑小な敵であるというわけだ。いまでは、思想は、ちょうどそれが入りこめる程度の卑小な器をもとめる。器はすべて、規格品である。今日、甲の器からでて、乙の器にはいり、乙の器からでて丙の器にはいることは自在である。わたしの敵は、いますべて甲でなければ乙の、乙でなければ丙の器であるにすぎぬ。このような容易な敵と、容易に思想的に敵対しうることは、わたしたちの時代の美質でなければならない。

かくして美質にとりかこまれながら、砂をかむような索漠たる対立をめぐりかえすのである。』

右の文章は、少々長いが、吉本隆明の、埴谷雄高論の冐頭の一節（吉本隆明全著作集第七巻）である。

じつは、この一文は、わたくしにとって、一種のクロスワード・パズルの持ち味があると考え、それをわたくしの小論の冒頭において、わたくしなりの導入部、あるいはわたくしの考え方の引き出し役をつとめさせてもらいたかったからである。勿論、文学者埴谷雄高とは何んのつながりもない。

「すぐれた対立者」というのは、わたくしにとって、このばあい、沖縄に対す日本（本土とも呼ぶ）という対置がある。

「こんな呪文を一、二年来胸のなかでくりかえしてきた」ということは、言うにおよばず、沖縄人としての立場からであると、賢察してもらえばそれなりにすむわけである。

では、やがては復帰する本土が、なぜ敵対者、あるいは敵対物でなければならぬか。こうした疑問は、通常では割り切れぬことがらで、コチコチの〝復帰論者流〟にとっては、断じてゆるすことのできない表現（言葉）であろう。

ところが、かつては、このわたくしが、沖縄住民が正しく県民はおかしいと、何か（雑誌世界だったか？）に書いたら、忽ち反撃の文章が、同じ「世界」に揚げられたことがある。

「彼はいつも卑小な敵であり、彼にとって、わたしはいつも卑小な敵であるというわけだ」の、彼を本土にみたててもよいし、逆に沖縄にみたててもよい。ただし、この比喩は、時間的計算が必要となってこよう。「わたしが卑小であった」頃は、第二次大戦・太平洋戦争以前のことになるというのがこのばあい論理の筋は立ちそうである。

戦後も、十四、五年経過した頃、本土は異常なほど（この〝ほど〟が実は問題であるが）沖縄に対し、政治も政治家も、その他の人たちも余りに卑小であった。それが、いまではそうではない。

「乙（アメリカ）の器から出て丙（本土乃至・日本）の器にはいることは自在…」であって、それは、むしろ、沖縄人の願望とはちがった型で、体制側の計画になりおわったからには、自在であるのが、ちょっとおかしなくらいである。

このように「このような容易な敵と、安易に思想的に敵対しうることは、わたくしたちの時代の美徳であらねばならない」。

その美徳という言葉を拡大解釈することを文脈として許してもらえばどうなるか。美徳は、いったい、わたくしたちの美徳であるのか、それともそうでないのか。「かくして美質（注・復帰）にとりかこまれながら、砂をかむような索漠たる対立をくりかえすのである」か。

◇

どうやら、わたくしは、復帰をめぐって、一種のサーカスを孤りで演じたようである。

沖縄教職員会が、ひところ、日の丸を、ある種のシンボル・マークとして登用したことがある。それを少なくとも国家のシンボルとして意識的に児童・生徒に押しつけたと解釈する、（した）向きがあったとすれば、それはおそらく砂を噛むような思考といえる。

教職員会が日の丸を意識的に使った意識の底には、それなりの意味があったし、また、一般民家で、喜び勇んで日の丸を掲げた例もあったように、それは星条旗を意識したものと解する。わたくしは、わたくしなりに、当時自分の気持ちの中に格闘があり、ついに日の丸は掲げずじまいに終わった。

しかし、日の丸を当時、政治や人間の理性として余儀なくとった技巧とか罠とかいったことではなく、何者かから何者かを守るには、ああでもするほか仕方がなかったというより、それは後で異なった結果を生むことになることには気付かなかった、ということであろう。

つまり、日の丸を使うという技巧は、それなりに日の丸と、それにかかわるさまざまな可能性と別の可能を生んだからである。沖縄が本土に併呑されることが本決まりになってから、沖縄には政党要員や、大臣などという、つまり日本のエリート官僚群が、ひとしきり相次いでおとずれた時、小学生は例のように日の丸の旗を手にして表向き歓迎の意志表示をした。それは小学生の発想ではないので、小学生たちは教師がそうさせたために、手に手に日の丸を握り、それを打ち振ったというのが真実であろう。

こうした社会現象は、復帰の時点を日・米両政府が表明することによって、正しくは、意味表明によって、同じ日の丸が変質したのである。

なぜかといえば、理性は時に曇ることもあるが、それよりも理性も、それをとりかこむ情況の変質によって、現象的には適用範囲を思い切り圧縮するようになって、もはや理性の名では呼ばれなくなり、異質になり得るものだから、それを敢えて理性と呼ぶにはふさわしくなくなる場合もあるからである。

その理性を曇らせ、錆つかせたのはなんであろうか。

つまり、「住民」であるべき人たちに、当の住民たちが、住民と自分で規定しかね、「県民」と自称してしまった（単に行政上の手続きではなく）心情を、職業政治家の鋭敏な鼻で嗅ぎとり逆に押しつけた、門前の小僧式「県民」呼ばわり。

それは、かつて、革新が（いまでもそうだが）苦しまぎれに「県民」と自嘲願望を織りなしたはずの「県民」とは、あくまで異質な呼称、あるいは政策的符牒とは違うのではないか。

わたくしは、他の多くの人たちと、何かの会合の席の一つを占めていた。近代的ビルの八、九階にある、かなり広い会場に食卓の間を数人のボーイが、静かに、しかし忙しく動きまわっている。勿論ボーイは白の上衣に折目の正しいズボンをはき、決まり切ったように白布をどちらかの腕にたらしている。恭順なその物腰風態は、いかにも都会的で、しかも東京風で、人々はスープをすする音を立てまいと、かなりのマナーと場数を踏んだ表情を呈し、窓外に展ける低い丘陵まで侵していく近代的な建物群を眺めていると、どこか異国へ来た感じである。

これが、那覇市の眺望なら、那覇市は意外と発展していることになる。

そこへ背後から、音もなくテーブルの上にいましがた置かれたサラダの皿を見て、わたくしは突然、草木の深く茂った古城の一隅の光景の中にいた。

サラダにうずたかく盛られたキャベツの匂いが、わたくしを二十五年も前の戦場だった故里に運んだのであった。林はみるからに屈強で、太陽の光線がキラキラとわずかに漏れるほどの深さで、まわりは、まだ頑丈で古い盾のような石垣がとりかこみ、敵からはおろか、大砲の弾さえ弾き返しそうな安心な場所であった。

そこには、彼方の校舎から運びこまれた机と椅子が並べられ、まあ食卓の形をとっていた。卓上には、皿に盛られた飯と、醤油か塩かで味つけされた、別の西洋皿に細々と、だが一杯に、こまかく刻まれたキャベツがあった。彼らは、わたくしたち社の隣人*（壕仲間）である勤皇鉄血隊（師範学校）の、最後の饗宴のおもちであった。

そのキャベツは、附近の畑から無断で（首里の町は、無人の境に近かった）もいできたのか、それはつまびらかでないが、新鮮なキャベツの芳香は、わたくしの鼻腔を強く撃った。いま、シャンデリヤの吊られた天井の隅から、かすかに鳴る音楽に溶け合った白い卓布で奪われたテーブルの上のサラダの上であるキャベツは、ほんのりとマヨネーズの衣を着て、わたくしの鼻をくすぐる。そして、あの林は砲弾の直撃に遇い、まもなく天がまる裸になったように露出し、椅子も机も、キャベツも消え、忽ち糞尿と横倒しの焼け残った木の幹と瓦礫の空間に変わり果てていたはずである。

わたしの全知覚を捉えたキャベツの幽鬼は、いまや姿を変え放恣のままに、人々の口へホークで運ばれる。

実は、この前景には、この小文のなかで示される人々の内乱的錯誤がある。

本土から来たエリート官僚の話の筋は、最初からわかり切っているという、警戒的な己惚れが適中したという快感と、いつか体験した（戦前の）悔恨とが二重にかさなり、わたしを悩ましたのである。

要するに、彼はいまから役人として、官僚として、その属する官庁の椅子と地位との平衡を崩さず、しかも、沖縄の人たちに、何かの役目を課すことを講演（釈）する運命であって、その平衡感覚はすばらしく、一糸の乱れもないかわりに、何を説こうとすればよいのかという、危惧感を抱かせずにはおかぬ、犀利な目をしており、その修辞学は相当なもので、よく選ばれた言葉が、バリトン歌手の喉からリズムだけを抜いたよく透る声で、彼の論理を展開してみせそうな予感どおり、その知性は、きいている沖縄人をある意味では納得させる力を持ち、別のところでは甚だ説得力を欠いた内容へと、その知力が働きすぎた。

話の内容よりも、わたくしに一種の戦慄を覚えさせたのは、そのリズムとパターン。優れた日本官僚の必ずやもち出す「犠牲」の立論であったからだ。

それは、平衡感覚の陰に隠れて、分析力を駆使しての論理だけに、一分の隙もないかわりに型の脆さがあった。「いまや、沖縄は、復帰の時点で、日本列島の一部として使命を果す」役割論がそれであった。もちろん、平衡感覚（当の沖縄人がきいて）を失なうまいとする努力は、知性の溢れ出た白皙《はくせき》な額をよぎるかげりに似た陰影でもおしはかれたし、明らかに痛苦の色らしいもののよぎることもあった。

しかし、たとえそうであっても、これからの沖縄の生きる、生き方については、「峻烈《しゅんれつ》」であり、ただ高度な

＊牧港は戦前、『沖縄朝日新聞』の記者。国の言論統制により『沖縄朝日新聞』など3紙が統合された『沖縄新報』は沖縄戦が迫る１９４５年3月23日の空襲後、首里城北東の城壁下に沖縄県師範学校生が掘った「留魂壕」に社の機能を移し、日本軍第32軍が首里を撤退する5月まで新聞を制作していた。同じ壕に「鉄血勤皇隊」として動員された師範学校の学生が同居していた。

テクニックによって、それをカバーしただけにすぎなかったからだ。

心ある沖縄人は大悟撤せよと、別のバリトンが叱咤げきれいする風情は、まさしく、上は大臣から、下は下級官僚にいたるまで、七、八〇年に及ぶ支配者意識のかくされた不知、不用意なパターンで、話者の立場はむしろ、ある意味では、その犠牲者として逆にこちらの気をそそることである。

◇

沖縄にも、封建の頃、たしかに中央集権があったたし、そのために搾取された、まわりの島々に、即ち島嶼群に棲む被支配者階層があった。

そして、あるルポライターによれば、そうした加害者同志の苛斂誅求《かれんちゅうきゅう》を反対にあばいた日本人（大和）の存在を高く評価する口吻りもあるとおり、自慢にならぬことも多いはずである。

「物から感覚と思想へすすむか?それとも思想と感覚から物へ進むか?、すなわち唯物論的な方向…」（レーニン）をとらない限り、どんな逃げ口上も、どんな詭弁も、物を感覚の複合とみる見方は観念的といわれても仕方はない。

歴史を、物から感覚と思想へと捉えるばあい、わたくしなりの実証は、多少の歪みはあろうが、それは観念ではなかった。

敗者には敗者なりの思想と勝者に対する優越もある。国頭・北の山中にアメリカ軍の俘虜《ふりょ》となった時のことである。わたくしたちの班が、便所を掘ることになり、指揮者として一人の軍曹が現われた。彼は、しきりに便所のデザインらしいものを竹の片れっぱしで赤土に描いてみせた。便所といっても、長方形の深さ一メートルの穴を掘れば、それで工作の大半はおわる。

あとはベニヤ板を一枚置いておけばよい。但し板には適当な間隔をおいて尻の曲線をなぞった穴を明け、それはちょうど仲良く人間二、三人が並んで用足しできるという工法であった。軍曹は、しきりとその落しの穴をハート風に捺り抜けと、宙に指で形を描いてみせるのだが、それは用具のないことで到底ムリだとわかったわたくしたちは、軍曹の意見に反対した。

人のよい彼は自分の意を解さぬ、しらみだらけの俘虜たちの思わぬ強い抵抗に逢い、仕方なく当初の自分の意志を曲げた。

そして、両手をひろげ、肩を落すアメリカ人らしいゼスチェアーを残し「勝手にしろ」と言いたげな表情で立ち去った。

そのおどけた表情を眺めていた七、八歳の男の子が、何を思ったか、軍曹の尻を背後から蹴とばした。ことの成り行きを見守っていた俘虜たちも、逃げる軍曹の背中に哄笑にちかい笑い声を一斉に浴びせた。因虜の男たちにとって、卑屈ではあっても一瞬の優越感があった。だが、その軍曹と、沖縄人の女を轢き逃げしたアメリカ兵とB52や毒ガス兵器とはいっこうにつながらない。

そして、全軍労のストに、銃剣のフスマをつくるアメリカ兵たちとも無論つながらない。これは、わたくしにとって、物から思想への混乱を呼びおこさずにはおかないことである。「アメリカは良いこともしたはずだ」というアメリカ要人のことばに少しの嘘も認めまいとする、敵としてのアメリカに対する敗者の思想に、いささかの狷介の念がなかったかといえば、これまたウソにもなろう。

「その時、わたしにとって、彼はいつも卑少な敵であり、彼にとっては、わたしはいつも卑少な敵」なのかどうか。わたくしのパズルは、この時かならず混濁する。

すぐれた対立者ではない、アメリカと沖縄のかわりに、仮りに沖縄の自己主張を通す意味で、すぐれた対立者は誰か。このバズルを解くために、わたくしは次の仮定を組み立ててみよう。

民俗学者、宮本常一氏を引き合いに出すことを許してもらえるなら、同氏の最近出した「私の日本地図・沖縄」(同友館発行)の、大部分を占める旅行記より、最後尾に書かれてある、同氏の沖縄の復帰をめぐることについての一種の危惧論に興味がある。

宮本氏は、まず戦後今日まで見られた沖縄の「封鎖性」をみとめる。米軍は沖縄を意識的に日本と断ちきり、沖縄独自の教育をおこなうことによって、日本とは別の世界、別の文化を育てていくことを目論んだと解釈する。しかし、結果的には逆になり、それは沖縄住民の自覚によるものであったともいう。

宮本氏の感覚的実感は当っていよう。そして宮本氏は更につづける『いま米軍占領下にあるとは言え、政府の主席以下みな沖縄人が行政にたずさわっている。どこへいっても〝本土人〟の影がうすい。それが戦後の沖縄をつくったのである。本土復帰後、沖縄自治の今日の人の配置はこのままの姿であるだろうか。本土直結と称して中央政府から多くの官僚が入り込んで、それぞれのポストにつくことが予想される』というのである。これは危惧どころか、既に自治省の役人を行政府の総務局長に迎えたという、本土との交流人事がどっちかで策している。労働組合(官公労)が「欠員人事は、沖縄内から起用すべきだ」という反発は、知識も技術も、資本も中央から、支配の形で入ってくるという、これまでのパターンの、つまり封鎖性の解除である。

純粋即ち土着性は、戦争(太平洋戦争)の時、どうであったか。進駐した、否守りについた旧日本軍々隊の目には、それが一種の蛮性と映り、または、近代性に間にあわぬ呂律《ろれつ》のまわらぬ魯鈍《ろどん》、つまり、にぶいおろかな人種と見た。

一方、こちら側では民衆のチエを働かす余地などはすこしもなく、ただおろおろと軍隊の巨大な組織の前に威圧され、祖先の骨を納めた墓に、死を逃がれようとした老人や子どもを日本軍は追い立てて外に出した。それが、土着の弱点であったのか、いまや、人々は沖縄人の土着性を再び探ろうとする。

土着はアメリカの手によって解放されたのだろうか。

その頃すでに、沖縄上空にB29がしきりに侵入した（太平洋戦争当時、アメリカ軍が誇った戦闘渡洋大型爆撃機）が、よく澄んだ高空にキラリと点のように存在し移動する。たまに一条の飛航雲を残して視界から消え去るその時、撮影したであろう、沖縄の詳細な作戦地図（写真）を引いたものを、後で見せられた時、わたしは一つの驚きをおぼえた。

旧那覇市の高空《ママ》写真のアチコチに、ローマ字で印刷された土地の名が、すべて大和語の変化したモノか、支那風の響をもつ沖縄読みの固有名詞だったことであった。それはアメリカ軍が、沖縄の古い文献を使ったためだったのか、あるいは政治的にわざとそうしたのか、その真因は今日でもわからない。

しかし、彼らは敗戦直後、量によって物を変質させたばかりでなく、沖縄人をある程度政治的に変質させた。ある種のスマートさと、ヒューマニズムと義理がたさと抱擁力、見て見ぬ振りをする洒落れた政策力とをかなりもっていた。

それが、ある意味では沖縄人の眠っていた土着性に賦活剤の役目をした。

だが、彼らはいま沖縄の民衆からきわめて評判が悪い。彼らの笑いは、戦勝者の誇りから、圧政者への笑いへ転落するかのようである。

戦勝者特有のロマンチシズムを喪失した軍隊は、単なる殺戮の予備軍、侵略者と化し易いのは、その軌跡をたどっていけば、再び大殺戮へと還元するのか。それとも、いまや、彼らにこの世の、終末観が大手を振って幅を利かすようになったのか。

そのアメリカと日本は、双面性の二重の思考と、同一化をたどることによって沖縄は、玩弄物と化そうというのか。それよりも、沖縄に対して、アメリカ的支配の条件がしだいに退潮することによって、アメリカの沖縄への圧力は稀薄化し、それを肴に、旧主人は、ある面で解放された（脱日本化）した人たちを、支配の領土として恢復させるというのか。

解放者であり、且つ支配者でもあったアメリカは、はじめ日本の殻から脱皮しようとして努めながら、苦しみ抜き時に懐旧の情にほだされ、それを慕う沖縄人に対し眉をひそめた。

しかし、よくいわれるアメリカナイズという現象（腐蝕作用、あるいは国際性ともいえる）の起らなかった沖縄をほめちぎる評者の群を尻目に、磊落に生きようとする沖縄人に半ばおどろきの目を見張り、半ば感心し且つ呆れた、いわゆる旧主人の権力側は、その後も迷いつづけた。ある学者は「沖縄病」という得体の知れない便利な病気を発明した。

わたくしたちは、アメリカ製の外套を脱ぐや、すぐさま日本製の外套を器用にはおる芸当をやる季節を迎えようとしている。

これは、沖縄の市場にかつて氾濫した外国製品が影をうすめ、そのかわりに日本製品が氾濫し出した経済や流通機構の変わり方に対して、右のことを比喩としていうつもりはない。

七二年返還という、日米両政府の取り決めで、外套の着換えを急いでしなければならぬ季節の到来に際して、琉球政府を苦難な淵に立たせておきながら、その行政力を云々し、また、変り身の遅いことを非難の目で眺める特権は誰にもない。行政上、政治上のテコ入れの仕方に疑問があるということより、実は最もしち面倒臭いこの季節に当って権力側すら迷いつづけている。

本土政府は、沖縄のアメリカ統治ということに対して、完全な放棄もしなかったかわりに、完璧な収拾もなし得ないという、情況を沖縄人には最悪の条件付きで、ただゆるやかに突きつけてしまう。それの単的な現われは、基地縮少にともなって、アメリカ軍と自衛隊が協力して現在の基地を維持するとかいう、即ち防衛肩代り論に示されていそうである。

沖縄は、あれだけの戦争で、己自身の肉体の中にあるモノを。そして、長い基地との共存と、アメリカとの運命共同体（ある面で）を営むうちにあるモノを、体得している。

あるモノが何であるかについては、そこで生きて、暮しをたててきた、いわゆる体現者でしか感じとり、つかみとれない何モノかがあったとでもいうほかはないだろう。

明治この方、権力の側から強いられた、いわゆるさまざまな近代化（皇民化の塑風）になびきつつ、また近代化を迎えなければならなかった沖縄は、そのつどさまざまな挫析をくり返しつつ、その地理的宿命も崇って、本土を守るための尖兵、あるいは防波堤の役目を果さなければならなかった。そして、二十五年のアメリカ統治を経る間に、いまや、その宿命の地理を利し、特殊な被征服者として孤塁を守りつづけてきたことを逆手にとってこれまた大いに利用する皮肉な立場に置かれている。

公害と非人間的人間のうずまく「都市」と、いまや行き詰まりの日本列島にとって、沖縄の島嶼群は、ひとり日本防衛のみでなく、再び第三の琉球処分などと、平気でとりざたされる運命にある。

◇

仮りに、宿命の地理を利して、わたくしたちは何を叫べばよいのか。この反問は、実はわたくしたち沖縄人自身に向けて放ってよいたぐいの反問であろう。

ということは、二十五年前、旧主人たちが倉惶として、この島を去っていった（官僚も、商人も、）あの光景は、印象的であった。所詮、この島が敵（アメリカ軍）の手中におちることを、いち早く感じ取っていた人たちは、弊履のように第二の故郷を捨て去ることが、賢明であったからで、財産の後始末も、築き上げた権益も、自分の生命には代えられなかったのである。それを怨念のように抱きつづけることは、ほんとうはつつしまねばならぬことではあるが、一部の官僚（島田知事）らを除いて、そうした人たちの行動は卑怯といわぬまでも、また反自然でもなかったはずである。

いま、尖閣列島と、附近の大陸ダナに眠る一兆ドルの埋蔵資源（海底油田）をめぐって、一見国際法や、領属など、けんけんがくがくの論争がある。歴史に徴すということばが便利であれば、この権益争奪合戦は、いまから二十五年前にさかのぼって、その変形を見ないわけにはいかない。

無欲、無私（守礼の民などともいう）であったことが、沖縄人の美徳とされていた頃の沖縄人は、くりかえすようだが、そこに国益のウソや、国家のエゴイズムを敏感に嗅ぎ当てる。

再びこの島が戦乱のルツボと化さない、という未来学による？確証さえ得れば、無欲、無心であった筈の沖縄人は、再び彼の冒険心に富み、且つ勤勉な本土の尖兵たちを温く迎え入れなければならないだろう。それは、同胞の名においても、まかり通るリクツであって、それを迎えるのにやぶさかでないくらいのユトリをもはや沖縄人はもっている。

◇

わたくしは、たまたまある日、I・ドイッチャーの「非ユダヤ的ユダヤ人」(岩波)という一冊子の頁をめくっていた。そして、次の章句につき当った『世界はユダヤ人にも民族国家を採用し、そこに誇りと希望をもたせようとしたのであるが、それはまさに民族国家などというものには何らの希望ももてなくなってしまった時点においてであった。人はそれだからといってユダヤ人を非難することはできない。非難するべきはこの世界全体であろう。しかし、ユダヤ人は少なくともそのパラドックスに気づくべきであり、かれらの民族国家としての主権確立のための努力は歴史的に見るならば時代遅れになっていることを自覚しなければならない。かつて民族国家が人類の進歩の媒介であり、歴史的大革命や団結の要素となっていた時期はたしかに存在した。

しかし、過去数世紀にわたって、それら《民族国家》なるものからユダヤ人たちは何の利益をうけてきたというのであろう。かれらが自分たちの民族国家をもつことになったのは、国家というものが、不和と社会的分裂の具と化してしまった後なのである』これは、ドイッチャーの、いわゆる普遍的・人類解放の理念であろう。

そのユダヤ人の形成するイスラエルと、アラブの紛争はいまもつづいている。そして、イスラエル建国のため故郷を追われたパレスチナ難民の孤独な戦い。その難民のキャンプと重なるナチ・ドイツのユダヤ人皆殺しという人類の恥部。

そこで、沖縄にもある異形の〝民族主義〟。勿論、そこに、何をみようと、それは勝手である。「非ユダヤ的ユダヤ」をこの一文と何の脈絡もなしによみ耽っていた。ある朝、わたくしはテレビで、ナセル大統領の突然の死の報せを知った。

ナセルの死に亡然自失するカイロ市民の唱える、静かなコーラン。

『再分割、すなわち、ある「所有者」から、他の「所有者」への移転だけであって、無所有の状態から「所有者」への移転ではない』（レーニン）ということばは、指導者を喪った国の歎きと、そうしたたぐいの指導者を喪うことのできない国との入り混じった幻想とともに、わたくしたちを所有する者は誰かという、いまさらの深い問いに、改めて復帰ということがらを考えさせられるのである。

（詩人）

新川　明

あらかわ・あきら　１９３１年生まれ。西原町出身。ジャーナリスト。琉球大学中退後沖縄タイムス社に入社し、「反復帰論」の代表的論者になるなど言論活動を行う。編集局長、社長、会長を歴任。78年『新南島風土記』で毎日出版文化賞受賞。著書に『反国家の兇区』『沖縄・統合と反逆』『琉球処分以後』など。

〈復帰〉思想の葬送—謝花昇論ノート—

新川　明

一、はじめに

日米両国によって「七二年」と合意された「沖縄返還」、いわゆる「日米共同声明路線による返還」の、具体的な政治プログラムの進行に対して、思想的にも政治的にも何一つ有効な運動を構想し、組織することができず、ただひたすら党略を先行させた党派エゴイズムをもって、沖縄にとっても日本にとっても決定的であるこの時点を安直に乗り切ろうとして怪しまないのが、保守・革新を含めた沖縄における政治主流の圧倒的な潮流である。それはたとえば、「返還合意」の共同声明をうけて、施政権返還をまたずに直ちに準備された「国政参加」選挙に、その政治的（そして思想的）意味の本質を問うことなしに、無定見に〝総没入〟している政治状況によっても象徴されている。

そのような政治状況を現出させている思想の荒廃、とりわけ「革新」諸党や「革新」的大衆団体のそれに直面させられている時、私は絶望的ともいえるほどの、ありったけの怒りを、それらの党派団体の思想と行動に対して覚えないわけにはいかない。

そしてその時、私は今更のように、沖縄と日本との歴史的なかかわり方の変遷の中で、沖縄人がそれぞれの個的な位相において経験し、みずからを律してきた日本と沖縄のかかわり方の意識の変遷と堆積について、くりかえし考えつめることを迫られるのである。

ほとんど時間をはかることが不可能ともいえるほどの長い時間の経過を、独自の文化圏として、独自の国家形態を持続してきた沖縄が、大和王権によって成立してきた日本に対して保ってきた歴史的な相関関係を冷静に踏まえたうえで、その関係が明治政府による「琉球処分」によって決定的に破られ、日本国の辺境の一地方県として取り込まれた時以後の、沖縄の近代化＝日本化＝皇民化過程における沖縄人の、日本に対する対応の仕方（内面的な、そして内面的な精神志向の表出として表面的な）を、いや応なく考えつめないわけにはいかないのである。

この二十五年の沖縄戦後史についてみても、そこで沖縄と沖縄人の思想と運動を集約的に表現しているのは、いわゆる「祖国復帰」の運動と思想である。その運動は、四分の一世紀に及ぶ時間の経過の中で、その時間の量に見合うだけの質的な変化と多様さを持っており、決して単純に、「祖国復帰」という字面だけの概念に限定して規定され得るものでないのはいうまでもない。

極めて大づかみにみても、その運動は「同一民族同一国家」＝「異民族支配からの脱却」という愚かな自己規定の範囲をこえて、より直接的な日常生活の根源に密着した自由と権利を要求する運動たり得ていたし、その意味で客観的に一定の戦闘性をもった闘いたり得るという側面を持っていた。具体的な個々の闘いにおいても、たとえば時に熾烈な土地闘争であり、教公二法阻止闘争であり、第一次全軍労闘争を頂点とする一連の全軍労闘争であったように、沖縄における支配の構造と論理を根底のところで揺さぶるエネルギーを派生させ噴出させてきた。

その意味でその運動が、「祖国復帰」思想としての自己規定的範囲をこえて担い得た一定の戦闘的役割りまで、その思想の決定的なマイナスとしての「同一民族同一国家」的な発想と論理による盲目的な日本志向性や没階級性のゆえに、これを全的に否定し去ることはできない。

そのことは正しく確認したうえでなお、「復帰」運動がみずからの自己規定的範囲をこえて志向せざるを得なかった体制変革の運動としては、ついに決定的な役割りをこれまでも担うことができず、これからあとはなお一層担うことが不可能であるといえるのは、端的にいえばこの運動を基底のところで支えている思想としての「祖国復帰」思想が、「同一民族同一国家」という発想と論理を、いささかも疑うことを知らず、絶対的に不可侵の思想的前提としてその内側に強固に存在せしめてきたことに由来する。

たとえば、《「日本人」も琉球人も、民族的にはひとしく日本人である。だが、「同祖」「同文」、さらには「同居」でさえも、単一国家としてまとまる必然性を内包しているものではない。一民族一国家というスローガンには、なんらの道義的強制力があるわけではない。日本民族が、二つも三つもの主権国家にわかれても何の不都合もないのである》(『中央公論』十一月号、平恒次「『琉球人』は訴える」)という命題は、いわば自明のことである。

にもかかわらず戦後沖縄の「復帰」運動が多様な闘いの発展と成果を持ち、闘いの可能性を垣間見せながらも、ついに体制変革の決定的な炸薬を準備し胚出させることができなかったのみならず、むしろ「七二年返還合意」という形で新しい支配の再編成と強化を誘発し、逆に利用されていく結果をしか生み出さなかったのは、「同一民族同一国家」という大前提を不可侵視することで自縛し、闘いの名において国家に対する価値観を一元的に絶対化して、国家としての日本に対する忠誠意識＝日本国民意識の一元的形成を、何ら疑問のないものとしてみずから積極的に推進してきたためであると考えられる。

そのように沖縄のがわから積極的に国家としての日本の中に自己を没入させていくという意識構造、思想的な傾向性は、何も戦後の「祖国復帰」運動に限ったことではない。

明治の「琉球処分」のあと、旧支配層によってなされた復藩運動、戦後アメリカの軍事支配による一国的経済機構の中で確保した利権を守ることで画策された「沖縄人の沖縄」を標榜した一種の独立論など反動的な反日運動、あるいは大正から昭和初期にかけての社会主義運動やアナーキズムの運動、さいきんとくに活発化した反日共系政治党派に拠る先進的学生や労働者による運動など階級的自覚をもった革命的な運動と思想をのぞけば、さきにのべたような日本志向の思想傾向は、明治以降今日まで沖縄における思想や運動の主流において一貫して流れつづけてきた特徴的な傾向ということができる。

そのように、沖縄における思想や運動が、時に少数者の先進的な運動として、あるいは一部特権階級による反動的な運動として、国家としての日本に対する忠誠意識を拒否する形であらわれていたとはいえ、明治から今日にいたるほとんどすべての思想と運動の主流は、ほぼおしなべてみずから進んで国家の方へ身をすり寄せる形で形成され、推進されてきたといい得ると思う。

私は、沖縄が歴史的、地理的に、日本に対して所有してきた時間と空間、それによって形成された独自の地位は、国家としての日本の限りない否認の上で求められる闘いの可能性と展望に、政治的にも思想的にも決定的な位置を占めるものと考えているだけに、そのような闘いの可能性を国家としての日本の中に溶解して怪しまない思想的、政治的流れに対しては、力の及ぶ限りこれを撃ちつづけたいと考える。

そのためには、沖縄が歴史を歩みはじめて以来の経過を冷静に踏まえながら、とくに近代における日本化＝皇民化の歴史過程の中でなされた運動や学問的志向について、厳密な検証を加えなければならないと痛感せざるを得ない。その場合、まず問題とされるのは、今日ほとんど無条件に称揚されている明治期における謝花昇を中心とするいわゆる「沖縄自由民権運動」を支える思想的基盤の再検証であり、いわゆる「沖縄学」の創始者としての伊波普猷の学問的志向が果した思想史的役割りの位置づけである。

あるいは戦後においては、「祖国復帰」運動の思想体質の解明であり、その運動を担った中核体としての沖縄教職員会の思想と行動の解剖である。

それらの組織や個人の思想体質を、同じ沖縄人としてみずからの内部の意識構造の問題としてとらえ返していかない限り、あるいは沖縄人の内面的な精神史(思想史)の痛苦に満ちた負荷として、みずからに問い返えす形で切開していかない限り、私は沖縄に生きる思想を、真にみずから生き抜いていくことにはならないということを、五〇年代後半から今日にかけての激動する思想的、政治的状況によってあらためて思い知らされるのである。

そのこころみの一つとして、まず謝花昇を中心とするいわゆる沖縄民権運動の、とくにその運動の理論的主張の場であった『沖縄時論』をめぐって、謝花らの思想体質について断片的な考察を加えたいと思う。表題にいう〈復帰〉思想とは、戦後の「祖国復帰」運動の思想という意味ではなく、明治以降今日まで、沖縄の思想と運動を一貫して規定づけてきた日本志向の思想傾向(〈国家〉の方へすすんで身をすり寄せる)を意味する言葉として用いたものである。

(二)

謝花昇を中心とするいわゆる「沖縄自由民権運動」は、明治期における沖縄の突出した運動であった。

その運動は、大里康永の『義人謝花昇伝』(さいきん『沖縄の自由民権運動』として改題復刻された)の著作によってほぼ確定的に位置づけられて今日に至っているが、大里のこの著作は謝花らの運動を、当時の奈良原知事やそれと結託する旧支配層出身の沖縄人特権階級とのかかわりにおいて描き出すうえで大きな力があった。しかしそれは、あくまでも謝花らの思想と行動をほとんど無条件に美化する一種の英雄伝記として書かれている点で、いわば典型的な善玉悪玉の文学作品（政治小説）と考える方が妥当といえる性質のものであると私は考える。

だからその限りにおいて私は、この著作について特に異論を差しはさむべき理由も必要も感じないが、何としても解せないのは、専門の歴史研究学徒たちのあいだでも、大里のこの伝記作品によって定着せしめられた謝花昇像ならびにその運動の位置づけが、ほぼ無条件に踏襲されて怪しまれず、その運動とそれを支えていた思想体質に対する積極的な解明作業がほとんど捨象されている奇妙な学問的現実があることである。

そのことは、まったく歴史研究の専門外にいる私などの目にも極めて異様な現象として映るところであったため、たとえば私は、謝花昇の思想と運動の内実における限界性について、私なりの卒直な問題提起をこころみたものである。（『沖縄タイムス』七月十四日「沖縄と70年代」）

ところが特定政党やそのお抱え評論家、あるいは同類の歴史学徒たちは、その党派の政治綱領的な考え方からすれば、何んとしても承服できなかったものとみえて、私の論旨を恣意的に歪曲しつつ勝手な論断を加えて非難中傷するというアホらしい事をくりかえすので（沖縄人民党機関紙『人民』八月十五日、同九月五日など参照）、私もそれらに対しては沖縄タイムス紙九月三十日から十月三日にかけて一文を書き、若干の反論をこころみておいた。（できれば参照していただきたい）

そこで指摘した謝花らの思想的な限界性についての私見を、いく分補足しながら再説すれば、つぎのようなものである。

まず、謝花らの運動は当時の奈良原知事による専制的な統治下にあって、一定の戦闘性をもった反権力の闘いであった。しかしながら、それにもかかわらず、たとえば日本における自由民権運動が、中江兆民らの一部をのぞいて、いわゆる「国権のための民権」ともいうべき発想と論理によって、終局的には天皇制国家権力の確立に力をかしていったように、謝花らの運動も「きわめて限定的な反権力闘争であった」という想定をなしたうえで、「謝花の思想的限界性についての考察は、……こんごの沖縄近代史研究の重要な課題の一つだと思われる」とのべたものである。

つまり、日本の自由民権運動は、専制的な藩閥政府によるはげしい弾圧もさることながら、そのような「専制政府のもとにおいては、真に国民的忠誠心は成立しない」という発想によって、やがて帝国議会が開設されると、「政党責任内閣の樹立に年来の理想の実現を夢みて」、藩閥政府との妥協・抱合」により天皇制国家権力の形成主体となって自壊していくのである。(古田光他編『近代日本社会思想史』1、参照)

そのような日本自由民権運動の決定的な崩壊期においてなされた沖縄における謝花らの自由民権運動とそれを支える思想もまた、天皇制国家の成立を規定づける「明治憲法体制そのものに対する疑惑も批判も全く持ち合わせなかった」ばかりでなく、むしろそのような明治憲法体制に対して強烈な救済幻想を持った地点から発想されていたと考えられる、ということが私の想定であった。

その点でたとえば大里康永が、前述の伝記作品の中で、くりかえし謝花が中江兆民に師事したことを指摘し、謝花と中江のつながりを強調しながらも《この自由民権運動は往年の自由党の流れを汲むものであり、その思想的影響を多く受けていた》と規定し、板垣退助らが土佐において民権運動の先躍となったのは一八七七(明治一〇)年頃であった。海南の沖縄では、二〇年を隔ててまさに同様な雰囲気を経験しているのである》(復刻版、一七五―一七六頁)とのべているのは、謝花らの思想と運動についての位置づけとして止当性をもっているといえるだろう。そうであるならば、私たちの沖縄近代史研究における一つの重要な課題は、そのような思想系譜にある謝花らの民権運動を、沖縄の近代化＝皇民化過程の中でどのように思想史的に位置づけるかということであるが、沖縄における近代史研究はその点についての思想史的究明に、大きな「空白」部分をかかえこんでいるのが現状といえる。

たとえば謝花昇が中江兆民やその門下の幸徳秋水その他に接したことがあるという言い伝えに基いて、謝花とその運動の思想系譜を直ちに中江や幸徳につなげて考える（明確に規定しないまでも暗にそれを印象づけるような記述をおこなう）ことが専門の歴史学徒を含めて一般となり、怪しまれないのである。あえて一例をあげれば、《謝花昇自身も中江兆民、幸徳秋水、木下尚江、田中正造らと交渉があり、思想的にもその影響をうけていた》（『県史』2、田港朝昭『自治の展開』第二節『自由民権運動』）というぐあいにである。

謝花と中江や幸徳らとの出合いや、その思想的な影響について、いま具体的にその内実を知り得る資料は、ほとんど皆無にひとしいのであるが、たとえ謝花と中江や幸徳とのあいだに若干の接触があったとしても、思想の本質的な次元において、この両者のあいだにほとんどつながりはない、と考えるべきだというのが私なりの見方である。（具体的な実証による反論があれば卑見はいつでも撤回する）

ところで、さきにのべたような問題意識に立って、謝花らの運動を支える思想を、いわゆる〈復帰〉思想の源流として否定的にとらえる私の視点に反発する特定政党お抱えの歴史学徒らしき人は、つぎのような反論をするのである。すなわち、《謝花らは山林開墾問題、杣山処分問題、「公有金横領事件」問題、そして彼らの中心スローガンであった参政権獲得という具体的な闘争を通じて、奈良原の独裁的な植民地的差別政策の背後には薩閥があり、明治政府が存在していることを認識していった。そして、この認識の上に立って彼らは、天皇制イデオロギーに対決する県民大衆の政治的思想的形成に全力をあげて追求していったのである》（『人民』九月五日、佐次田勉「歴史事実と清算主義」、傍点引用者）

このような謝花論ないしは「沖縄民権運動」論は、いかにも「歴史事実」に即したもっともらしい云い分のようにみえるが、私はこれこそうたがいもなく「歴史事実」をみずからの党派的論理に即して歪曲し、歴史を偽造する、もっとも悪質なやり口であると断言したい。それはあたかも今日当面している国政参加選挙の実現を、「人民のたたかいによってたたかい取ったものである」と、闘いの歴史と問題の本質を歪曲して強弁し、自己正当化をはかる、その人が密着している政治党派の論理と共通する。

佐次田某の主張の焦点は、いうまでもなく謝花らの運動が《天皇制イデオロギーに対決する県民大衆の政治的、思想的形成に全力をあげ》たという点にあるが、げんざい私が知り得る歴史事実に基づく判断の範囲において、謝花が《天皇制イデオロギー》に対決することをめざしたという論証はないのである。百歩譲るとしても、謝花らが天皇制イデオロギーによる国家権力の確立を規定づける明治憲法体制そのものに、いささかなりとも懐疑や不信を抱いていたという根拠も、その運動の中から見出し得ないのである。

むしろ、明治憲法体制下における立憲政治の中に強烈な救済幻想をもってみずからの運動を発想し推進していったといえるし、その意味では、天皇制イデオロギーと対決する方向ではなく、後述するように逆に天皇制イデオロギーの形成を沖縄のがわから補完する機能をもつものであったとさえいい得るものである。

つまり、天皇制明治国家の確立過程で必然性をもってなされた沖縄の差別的専制支配の執行者として、権勢をほしいままにした奈良原知事の施政のもとにあって、その専横に対する怒りが表面的には謝花の思想と行動を支える基盤であったとしても、その発想はたとえば中江や幸徳のそれのように、専制的な抑圧と収奪を強制する根源としての天皇制国家権力を否定する方向性ではなく、端的にいえば目前でその差別と抑圧を執行する奈良原知事という権力者の除去によって、日本帝国臣民としての完全な権利を獲得しようという範囲以外の何物でもないということである。ある意味では奈良原知事を中にはさんで、琉球新報に拠る大田朝敷ら一派との、体制内における一種の派閥争いという側面さえもっており、両者の対立抗争を奈良原は一段と高い場所で巧妙に操りながら、沖縄統治をスムーズに達成していくという、典型的な植民地支配の構図をさえ、そこに垣間見ることができるのではないかと思う。

それはともあれ、日本における民権右派を主流とする民権運動が、《明治憲法体制そのものに対する疑惑も批判も全く持ち合せ》ず、《やがて議会内の多数派を基礎とする政党責任内閣の樹立に年来の理想の実現を夢みて》、藩閥政府との「妥協・抱合」によって天皇制国家権力の形成主体となってみずからの運動の自壊作用を決定的にしていったことと、謝花らの運動と思想はほとんど質的に同様な軌跡をみせていると考えて左程大きな誤りにはならないと思う。そうであるならば、私たちの沖縄近代史（近代思想史）研究における課題は、そのような運動としての沖縄自由民権運動の思想史的位置づけを、その運動とそれを支える思想の内実に鋭く切り込むことによって明確にすることこそ緊要であるべきはずである。

しかしながらくりかえしのべるように、その面について究明するこころみはほとんど皆無に等しく、いたずらにその肯定的側面を誇大に称揚することだけが一般となって、はなはだしきは謝花らが〈天皇制イデオロギー〉と対決する人民大衆の政治的、思想的形成に全力をあげたなどというような、歴史の偽造さえおこなう厚顔な論断がまかり通る現実である。（我部政男も十月二十九日、沖縄タイムス『謝花民権の可能性を考える』の中で《明治憲法体制を内部から切りくずして行こうとする……》という規定で同様の誤りをおかしていると思う。）

（三）

以上のべてきたような、沖縄近代史研究における憂うべき傾向、非科学的で安直な歴史規定が、一部の特定政党の議論として存在するのであれば、それは党略を至上とする「政党の論理」によるものとして、まだしも左程奇怪とするに足りないわけだ。

しかしながら、たとえば沖縄における歴史研究団体として自他ともに認められている「沖縄歴史研究会」に所属する専門的な研究者のあいだでも、そのような非科学的な安直さが、あたかも「正論」のごとく通用して怪しまれないように見受けられるところに、私は基本的な意味で大きな問題を感じないわけにはいかないのである。

具体的にいえばたとえばつぎのようなことである。

謝花は、杣山開墾問題をはじめとして、ことごとく奈良原知事と意見主張の対立をみて職を追われて野に下った。野に下った彼は沖縄倶楽部をつくり、同志と共に雑誌『沖縄時論』を発刊して、言論をもって奈良原知事と、奈良原に結託する当時の『琉球新報』に対立し、論陣を張るのだが、そのような謝花らの理論的、思想的立場とは一体どのようなものであったのか。

たとえば謝花らと対立し、特権階級の代弁者であったと規定される、『琉球新報』の明治三十二年四月五日付の紙上に、『沖縄時論』第二号発刊の『広告』が掲載されているが、その「広告」の主文はつぎのとおりである。

（「県史16」参照）

《社会の時運一変して人心口に活動し幾多要々の新事業は雲飛び濤躍るの勢を以て坌湧し来りて志士の講究力行を要すること最も切を極むるも個々たる世上只た私利を趁ふて権勢に媚びる奸物横行して社会衆民の為めに

赤心以て真個に公利正道を振興する仁人義士に至りては実に少し我等は此の情状を見て転た感激発憤する所あり是々於て我等茲に沖縄時論を発刊し熱誠殉公の正気を鼓して威勢を憚らす声利を貪らず一直前往衆民の為めに奸邪を排し平民的進歩主義の先鋒となり以て大いに其幸福を企図せんと欲す是れ我等平生の大願望なり若し大方の君子此の切々たる微衷を察して御愛読の栄を賜はば啻だに我等の面目のみならず亦沖縄の幸福ならん乎》

（傍点引用者）

いかにも新進の覇気に満ち、沖縄倶楽部に結集した人たちの心意気を十分に感じさせてくれるところである。それだけに極めて好感のもてる文章であるが、問題はそうだからといって、この「広告」文をもって謝花らの沖縄倶楽部が推進したいわゆる民権運動の思想を規定することは、安直な誤りを犯すことになるだろう。一片の「広告」とはいえ、その中に彼らの熱い心情が塗り込められていることは否定できないと私も考えるのだが、しかしながら、「広告」文はあくまでも「広告」文であり、今日流にいえばコマーシャルの宣伝文句である。しかも、掲載された場所は、敵対する『琉球新報』紙上であり、『琉球新報』同人ならびにその読者を十二分に考慮に入れた文案の作製という、微妙な条件もまた考えないわけにはいかない。

いずれにせよ、たとえその文中に沖縄倶楽部同人の熱い心情が塗り込められていることを認めたうえで、なおかつ、この「広告」の文章をもって謝花らの運動とそれを支えている思想を規定し、語るのは極めて皮相なことといわなければならない。歴史研究を専門にし、しかもその研究における実証作業は科学的でなければならないとすればなお更のこと、謝花らの思想と運動を語るには『沖縄時論』の発刊広告の文章ではなく、直接的に『沖縄時論』の具体的な論説そのものをもってしなければならないのはことわるまでもない。

なぜこのような、常識的なことをくどくどしく強調するかといえば、沖縄における進歩的歴史研究団体と目されている「沖縄歴史研究会」に所属する進歩的な歴史研究学徒たちにおいて、そのような常識的な事柄さえ理解されてないように見受けられ、謝花らの運動と思想に対する安直な規定が公然となっているからにほかならない。

たとえばその「沖縄歴史研究会」の理論誌『沖縄歴史研究』第七号で金城弘子が「沖縄における自由民権運動」と題する論文を発表し、「廃藩置県以来、明治政府の半植民地的政策の下で無権利状態にある沖縄が日本国の一員としての権利を一つ一つ勝ちとっていく重要な土台を作ったもの」という視点から謝花らの運動についてのべている。

(そのような視点自体に問題があることを私は指摘したいのである。つまり、そのような視点のゆえに、沖縄の近代化すなわち皇民化という歴史過程において、沖縄人のがわから天皇制国家の確立に機能しつづけた精神志向に対する自己内面の対象化による自省的考察の視点が捨象されて、「正しい民族統一を目ざす人民の闘い」などという、国家論を欠落させた抽象的なお題目をすべての結論とする思想の枯渇化を結果するのである。そこでは「正しい民族統一か否か」という命題がすべての沖縄近代史評価の基準となるという、ばかばかしい教条主義が絶対化されることになる)

さて金城弘子はその論文の中で、さきに引用した『沖縄時論』の「広告」文の一節を引き、《……と述べ時論を通じて奈良原県政の専横を暴露し啓蒙運動を展開したのである》と、謝花らの沖縄倶楽部の運動と思想を規定するのに、広告文の文言をもってすることにいささかの疑問もみせないというぐあいなのである。

あるいはやはり「沖縄歴史研究会」の構成メンバーの一人であり、沖縄における反体制運動の研究に功績のある田港朝昭(琉大助教授)というその道の専門家までも、《謝花昇らの民権運動は、謝花を中心とする沖縄クラブによって展開されていた》とし、その運動と思想を語るのに、やはり前述の「広告」を全文引用した上でつぎのように規定する。

《右の広告にみるように、沖縄クラブと『沖縄時論』は県政改革期にあたって、諸問題をもっぱら「平民的進歩主義」にのっとって解決しようとし、私利を追求して「権勢に媚びる奸物」を排除しようとした》(『県史』第2巻、三〇八頁)

このように、謝花らの運動の本質を規定するのに、雑誌『沖縄時論』第二号の発刊に寄せた「広告」の〝宣伝文句〟を無条件にあてはめることで済ませることは、私の考えでは極めて不用意なことであると思われるし、学問的にも意味のないことではないかと考える。

それも、大里康永の伝記作品『義人・謝花昇伝』以来、人びとのあいだにほとんど無批判に定着してしまった一種の〝謝花昇信仰〟が、その意識をとりこにしているためではないかと思われる。

しかしながら少くとも科学的でなければならぬ歴史の検証において、そのような安直は許されるべきではなく、『沖縄時論』を語るとすれば、その具体的論説に即して検証されなければならないことはいうまでもない。たとえばその運動は、言葉の厳密な意味において「平民的進歩主義」といえるものであったのかどうか、言葉の正確な意味において「天皇制イデオロギー」との対決をこころみたものであったのかどうか、等々というようにである。その場合私は、田港朝昭の規定とか、人民党のお抱え評論家的人びとの規定とは全く逆の立場をとる。

具体的な例証の一つとして、私はたとえば明治三十一年九月、那覇港の開港を祝って開かれた「開港祝賀会」をめぐって展開された『琉球新報』と『沖縄時論』との賛否論争について考えたい。

（四）

この論争は、謝花らのいわゆる参政権運動をめぐって、沖縄時論と琉球新報が論戦を交えている時期と相前後しており、しかも両者の国家としての日本に対する考え方（沖縄と日本とのかかわり方）が端的に示されているという点でも興味あるものである。そしてその意味で、謝花らの参政権運動に象徴されるいわゆる「沖縄自由民権運動」を支える思想の内実を解明する重要なカギともなり得るものであると私は考える。

ところで那覇港の開港祝賀会に対して琉球新報は積極的に賛成し、沖縄時論は猛反対の立ち場をとっているが、沖縄時論が反対する論拠は、《改正条約実施の祝賀会を開かさりしか故に開港祝賀会を催すは大不賛成なり》というものであったようだ。（『県史』16、一四五頁参照）「…であったようだ」というのは、資料として沖縄時論がほとんど皆無にひとしく（一、二号程度、比嘉春潮氏が所蔵しておられると伝えられる）、直接に確認できず、結局、琉球新報が沖縄時論の論点を引用して反論を加えているところから沖縄時論の主張をうかがい知るほかないためである。

そこで琉球新報（明治三十二年九月九日）はその反論の中で、沖縄時論が開港祝賀会に反対する理由をつぎのとおり引用している。（『県史』16、一四九～一五〇頁）

すなわちまず第一点は、《国家的の改正条約祝賀会を開かすして地方的の開港祝賀会を開きたるは則ち大少軽重を誤りたるものにして其結果は県民の国家的精神の発達を阻害するの弊あるか故に開港祝賀会は不可なり…ということ。

第二点は、それゆえに《開港祝賀会は国民的同化を破りて割拠的小島根性を養成するものなり…ということ。

そして第三点は、《新条約の実施を以て日清戦争の勝利に比して国家的大慶事なるか故に国民は必ず祝せるへからず……》ということであったようだ。

琉球新報が反論の中で引用している沖縄時論による開港祝賀会反対論の内容は以上のようなものであるが、それらの引用は琉球新報論説記者がその理解の範囲において要約したものであると考えられるとはいえ、沖縄時論の反対論の骨子は十二分に知ることができる。

つまり沖縄時論の反対論は〈日清戦争の勝利のあと、まがりなりにも列強と同等の地位をかくとくし、日本帝国の国力を証明する「改正条約」の調印実施をみたのは、あたかも日清戦争の勝利と同様な国家的大慶事であり、これを祝賀しないで、単に沖縄だけの、地方的な慶事にすぎない那覇港開港を祝うのは、大少軽重を誤るものである。そのようなことをすると、国家的精神の発達を阻害して沖縄人の日本人としての国民的同化を妨げて小島根性を育てる弊害を招くのみである〉ということになるだろう。

そこで琉球新報は、以上のように沖縄時論の反対論の論拠を示しながら、それぞれに対してつぎのような反論をこころみている。

すなわち第一点については、《…国家的精神は個人的精神を拡張したるに外ならず故に個人的精神を発達せしむるは則ち国家的精神を発達せしむる必要の手段とこそ申すへけれ…、…況や個人的精神に一歩を進めたる地方的精神を発達せしむるに於いてをや…》というぐあいの、一種の理屈をこねたあと、さらにその論理を発展させて、《地方的精神の発揮とも申すべき開港祝賀会の催か県民の国家的精神の発達を阻害するの弊ありと批難するの説は恰も明治二十三年以前に国会開設に先ちて県会の如き地方自治の制度が布かれたるを批難し又は国会議員の選挙被選挙の権を附与せられさる沖縄に於いて先づ区会議員の選挙被選挙両権を与えたるを論難攻撃するに類して其当不当は必ずしも智者を待って知るに及はさるなり》と反論している。

このような琉球新報の論述は、明治政府がその支配体制の確立強化のために、「琉球処分」のあと長期間にわたって沖縄の土地制度の改革を遅らせ、旧慣を温存せしめつつ部分的な地方自治制度（変則的、差別的な区会議員や県会議員選挙の実施）を与えることで当面を糊塗していることの不合理性、不法性には目をつむっているわけで、そのことは当時の琉球新報が時の権力と結託することで確保している地位に安住して怪しまない姿勢を明瞭にみせている。ただし、そのことはいま本題と直接的にかかわりを持たないので一応おいておく。

さて、沖縄時論の反対論の第三点に対しては、《抑も日清戦争の勝利は実に国威を発揚したる国家の大慶事なれとも新条約の実施は一旦枉屈したる国権を当然に回復したるに過ぎずして国家の慶事には相違なきも日清戦争の勝利とは其趣を異にして同一の談にあらず。…沖縄時論記者が条約の実施を以て日清戦争の勝利に比するの不当なるを知ると共に之を以てして県民か宜しく祝賀せさるへからかさる開港祝賀に反対する理由の薄弱なること知るへきのみ……》と反論している。

そのあとさらに、さきの沖縄時論の反対論の第二点とも関連すると考えられるが、つぎのようにのべている。《沖縄時論記者は他府県も新条約実施の祝賀会を開きたれば本県も亦之を開かさるへからずと謂ふの口調ありと雖とも他府県の例は如何なる事と雖ども之に同化せさるへからずと謂ふに類し不見識の至極にして沖縄を愛する所以にあらざるなり》

この論述の限りにおいては、この点はまさしく今日なお有効性を持つほどの名論といってよい一節であるが、このような名論を吐いた琉球新報も、その一年足らずの後には、その社説で、《我県民をして同化せしむるということは有形無形を問わず善悪良否を論せす一から十まで内地各府県に化すること類似せしむることなり極端に云へはクシャメすることまでも他府県人の通りにすると云ふにあり》（明治三十三年七月五日、大田昌秀『沖縄の民衆意識』より重引）というごとき没主体性の、盲目的日本同化を唱導したことは余りに有名である。

ところで私がここで問題にしたいのは、そこにあらわれた両者のやりとりを、当時の政治的、社会的背景の中で比較検討することではなく、この論争にあらわれている沖縄時論の主張から謝花らの民権運動の思想を読み取ることである。そこでこの論争の限りにおいて、謝花らの拠る沖縄時論の基本的な思想的立脚点を判断すれば、《県民の国家的精神の発達》をめざし、《割拠的小島根生》を打破して《国民的同化》をはかることである、とみて大きな誤りにはならないと思う、それは前述した民権右派を中心に運動主流を形成した日本民権運動における《国権のための民権》という発想と論理に全く共通する同質のメンタリティーであり、その意味で謝花らの運動がめざした権力への抵抗＝反権力の闘いは、専制的な統治下における差別を克服して日本国民としての同等の権利をかち取ること、すなわち日本人としての等質性を獲得することをめざしたものであったといい得る。そのような運動が、私が前に提示したように《きわめて限定的な反権力闘争であった》ことはことわるまでもない。

琉球新報と沖縄時論の上述の論争において、琉球新報が《他府県の例は如何なる事と雖とも之に同化せさるへからずと謂ふ》ことは、《不見識の至極にして沖縄を愛する所以にあらざるなり》と述べたその一節の限りでは、琉球新報の姿勢に沖縄の主体的な思想の自立性をみることができる。もちろんそのような琉球新報の所論も、健康な意味における主体的な思想の自立性によるものではなかったことは、一年を経ずしてたちまち《クシャメすることまでも他府県人の通りにする》などと愚劣な同化思想の鼓吹者になったことで明らかである。この時点で一見すれば健康そうに見えた姿勢もつまるところ公同会事件にみられるよう旧支配層を基盤に成り立っている人びとの、懐古的な沖縄ナショナリズムの残照と考えられないこともない。

ともあれ、このささやかな論争は、「当時の琉球新報すなわち保守反動、沖縄時論すなわち民主進歩」とする従来の定式化された図式を再検討することを私たちに迫る、小さくはあるが有力な一つの例証といえるだろう。そしてその時、私たちは、沖縄における皇民化、すなわち天皇制思想にもとずく沖縄の近代化の歴史過程において、謝花らの運動と思想もまた、それが敵対した琉球新報を中心とする主流的な政治的、思想的潮流とともに、国家権力が上から強制する皇民化＝近代化を達成せしめていく強制力に対応して、沖縄の側からこれを補完していくのに、いわば車の両輪としての機能を担ったものであることを、その思想の内実において如実に知ることができるのである。

それが《天皇イデオロギーと対決する政治的思想的形成》を目ざしたものであるなどという虚妄の幻想に基ずく歴史の偽造は、科学的な近代史（思想史）研究の名において直ちに払拭されなければならないし、あるいは単純に雑誌発刊の「広告」文の宣伝文句を丸呑みして、安直にそれを《平民的進歩主義》と規定づけて称揚して怪しまない安易さも、同様に克服されなければならないと私は考える。

その意味において謝花と奈良原知事ならびに琉球新報の抗争に関する検証は、一方を暴虐無比の悪玉と結託する「権勢に媚びる奸物」とし、一方を農民の味方となって虚心に権力に抵抗した「悲運の英雄」としてのみ捉えることが一般となっている学問的風潮を厳しく突き放した上で、両者それぞれの内発的思想の、国家権力との根底的なかかわりの中で問い返し、とらえ返さなければいけないと思う。

私の考えでは、謝花とその一党には少くとも中江や幸徳に比定すべき思想的に強固な視点があったとは全く考えられないばかりか、平民の出身とはいえ、当時の沖縄社会においては他に比類のない最高のエリートとして存在した謝花個人には、権力から疎外されたことによる私憤を含めて、さまざまな否定的側面が存在していただろうということである。

たとえば論敵・大田朝敷が《沖縄倶楽部の領袖たる謝花昇は今や熱心に猟官運動をなしつつあり我輩は彼が官吏になりたれはとて沖縄か改善発達するの理を見出す能はさるなり彼は職を県庁に奉すること十年の久しきに渉りたりしも曾て公私の為めに寸功を止めたるを聞かす……（明治三十二年二月十六日琉球新報、『県史』16、一〇一頁）と口汚なく投げつけている悪は、今日では誰がみても不当な中傷的悪罵としか思えないが、それゆえにこそ一層、論敵によるそのような悪罵が事実無根の不当な中傷なのかどうかを多角的かつ微細に検証することが、今日までの謝花昇とその運動を研究する側に、決定的に欠落していると考えられるのである。

そのようなことも含めて冷静かつ客観的に、実証の中で検証しつつ、その運動と思想を沖縄近代史あるいは近代思想史の中で正当に位置づけていくということを、何のためらいもなく欠落させてきたことは、今日に至る沖縄近代史（近代思想史）研究のもっとも大きな盲点であるように私には考えられてならない。

そうした検証作業の中で、私にとってもっとも関心事となるのは、沖縄の近代化＝皇民化過程の中で、沖縄人の内発的思想の志向性として、天皇制国家権力による上からの近代化＝皇民化に対応して、どのようにこれを下から支えていく機能を担ったか、ということである。

その場合、そのような皇民化を補完するものとして、沖縄人を日本国民として没主体的、盲目的に日本同化の道へ導き入れていった思想の流れ（社会的運動や学問的志向も含めて）を剔出し、これを否定し超克することがまず緊要の課題として私たちに問われていると考えないわけにはいかないのである。それを超克しない限り、沖縄人の主体的な思想の自立性の構築を追求し、確認し、具体化することは不可能だと考えるからである。

その時、「真の民族統一」というごとき、政党流のスローガンまがいの、「同一民族、同一国家」という一元的な国家幻想を絶対的テーゼとして、みずからの歴史検証の視点とする人びとの歴史認識もまた否定すべき思想系譜の、典型的な表出形態としてくりかえし否定されなければならないと考える。

明治以降今日に至る限りない日本志向の思想の流れが結果しつづけたことは、そのことを「歴史の教訓」として私たちに教えているはずだからである。

（新聞記者）

【追記】謝花らの参政権獲得運動の位置づけについても、私はその思想史的な再検証が必要だと考えており、いずれ機会を改めて卑見をのべ、本稿における論旨をより充実させたいと考えている。

仲宗根　勇

なかそね・いさむ　１９４１年うるま市生まれ。元裁判官、評論家。うるま市島ぐるみ会議共同代表、具志川９条の会共同代表。著書に『沖縄少数派―その思想的遺言』『沖縄差別と闘う　悠久の自立を求めて』など。81年『新沖縄文学』48号で「琉球共和国憲法F私（試）案」を発表した。

沖縄の遺書――沖縄・その擬制の終焉――

仲宗根　勇

「おお、お前たち、お前たちは僕のことを悪意があって強情っぱりだとか、人間嫌いだとか思いこんだり、人に言いふらしたりしているけれども、それは僕に対するなんという思い違いだろう！　お前たちにはそう見えるひそかな原因をお前たちは知らないのだ」（ベートーヴェン「ハイリゲンシュタットの遺書」猿田訳）

死滅した復帰運動

一九七〇年六月が、ことなく過ぎたいま、沖縄に新しい表現が、与えられなければならない。沖縄にかかわる、一切の思想的営為は、その極限の表現形態を獲得し得ないままに、皮相的な政治潮流の中に、解体的に隠匿され霧消させられようとしている。

沖縄の「七二年復帰」という、日米政府間の、いわば不可避かつ不可欠の政治算術の中から胎動してきた政治過程が、予見されたとおり、県民主体と無縁のところで、確定的に進行している。

沖縄の民衆にとって、多年にわたる、狂気のような日本復帰運動とは、実は何であったのか。復帰前夜が刻々と迫っているいま、ようやく、明示的に、復帰運動の全体的な結論が、敗北として、総括的に突き出されてきた。沖縄の民衆の、無定型（アモルフ）の政治的情熱の集積として、たたかわれてきた日本復帰運動は、それが前提的にかかえ込んでいた思想的敗北の必然性のゆえに、確実に死に絶えた。「さまよへる琉球人」だった私たちは、

「日米共同声明」によって、その身上から括弧は取り除かれることなく、依然として「沖縄」のまま生きることになった。いや正確には、死んだまま生かされたというか、生きたまま死んだというべきであろう。「沖縄人」は結局、「さまよへる」民たることを止揚できなかった。

「祖国」日本が、民衆の日常感覚の中に浸透し、日本国家の強権が幻視の中から顕示的に立ちあらわれるにつれて、民衆の「復帰不安」はペストのように、沖縄社会の全面をおおいはじめている。他方、沖縄の民衆の長い苦渋のはてに生み出された、「民衆の友」であるはずだった屋良「革新」「政府」は、誕生以来、度重なる政策選択を通じて、その「革新」の変質ぶりを徹底的に自己暴露し、もはや、それが、どのような意味においても、状況変革主体としての幻想の対象とはなり得ないことが確定した。屋良「政権」の物神的性格とその秘密は、事実の進行によって、完膚なきまでにあばかれ終った。（拙稿、「変革の核としての沖縄」、雑誌『現代の眼』七〇年七月号参照）

沖縄社会は、いままさに、シュトルム・ウント・ドランク（疾風怒濤）の時代を迎えた。敗戦後、「日本問題」の核としての沖縄が、本土日本の「進歩的」知識人や、体制的ヒューマニストの「原罪」意識にのっかりつつ、彼等の、単なる心の痛みとして、そして一般には、日常意識（かわいそうな沖縄！）の平面でのみ本土日本に外在的に突き刺さり、他方、沖縄の側がナショナルな、甘ったれの「同胞」意識にすがりついて本土日本に対していた頃までは、アジアにおける日米両帝国主義共同の、国際的反革命の体制的再編拠点としての沖縄を、政治認識の明確な視座構造に据えることは、一般には認識されていなかった。

敗戦後、沖縄は、本土日本からは政治的にも社会的にも忘れられ、一九五二年の対日平和条約の発効時にさえ、沖縄の命運について問題視した知識人や政治組織は、ほとんど、皆無に近かった。そして、一九五五年頃の軍用土地問題についての「朝日」報道までは、一般の本土国民には、沖縄の存在など全く関心なく、戦前に引き続いて、異質的な文化圏を形成する異民族としての、琉球＝沖縄イメージを持続してきた。このことは「革新」を標榜する本土日本の諸政党さえも、保守党や一般国民と同断であった。(私は、東京での学生時代、日本共産党の一中央委員の沖縄認識の残酷な低劣さと、その支配者類似の発想法に驚愕し、聴衆の面前で、その日共代表とやりあったことがある)

「六〇年安保」で「沖縄」が政治世界の前面に登場し得ないゆえんであった。もっと驚くべきことには、当時すでに日本共産党の「平和と民主主義」路線の、「民族民主革命」論と決別し、新しい運動論理を模索していた、現在の新左翼の先駆的グループでさえ、「沖縄」と日本国家の関係をば透視し得ず、「沖縄」問題は反米民族主義を党是とする特定政党の政治綱領に、現実的根拠を与えるひとつの素材としての、彼らの「専売特許」的な印象をさえ与えていた。それは、「党派の論理」の自己貫徹のため、沖縄の変則的な支配構造が利用されただけであったろう。一九六三年二月二〇日の「毎日新聞」は、「沖縄は異国でない―日本のなかにおける位置」と題する書評文を載せ、その中で、「要するに、一般的にいって、日本人は、沖縄はもともと日本だろうか、沖縄人は異人種ではないだろうかくらいに考えており、そういう状態なので、沖縄の返還運動が、日本民族の問題として、国民一体の真剣さで盛りあがらないことを指摘しているのは、問題の核心をついていると思う。……本書を読めば、沖縄について誤解のはなはだしかったことをさとるはずだ。これまで誤解のまま過ぎてきたことが、どうかしているといいたいくらいである」と書いている。これを逆に言えば、「六〇年後の六三年の時点においてさえ、「沖縄は異国でない」と不自然さなく書け、「沖縄」を「誤解」としかとらえ得なかったほど沖縄にとって、状況は絶望的だったわけであろう。

だが、「七〇年問題」が六〇年代の終わり頃になって、かまびすしく論ぜられるに及び、「沖縄と七〇年代」は、論壇と各政治組織の間では、ひとつの流行語にさえなった。表面的には少なくとも、「沖縄」は、本土日本の政治的党派や知識人総体をなめつくし、おびただしい数量の「沖縄」書がにぎにぎしく出版された。そして、これらの人々の、沖縄とのかかわりでの思想的営為は、それぞれの立場で注目さるべきものが多い。（例えば、大江健三郎、『沖縄ノート』など）これらのマジメ人間たちの、マジメな沖縄論の展開は、それ自体、屋良「政権」の誕生にあずかって力があったし、無援の沖縄の民衆に本土日本から心強いアジティションを送り、同時に、本土日本の眠れる民衆に、沖縄で発現しているところの「日本」問題の「表と裏と表」を語りかけてきた。それは、その限りで敬服すべきものだし、彼らの、いわば知的実践は尊い。しかし、沖縄民衆運動に彼らのはたした役割は、ただ、その限りのものでしかなかったというべきである。屋良「革新」「政権」の変質過程（最初から、それは変質物であったのかも知れないが）で、彼らのなかの誰が、その「変身」を告発し、対決したであろう。二・四ゼネストの封殺を手始めとして、次々と現前した「革新」「政権」の反人民的腐敗は、すなわち同「政権」をささえてきた「革新」諸党の政治思想の今日的破綻を、全面的に照らし出したものに他ならない。この痛烈な反省的契機を喪失させたところには、民衆が六八年の革新主席の誕生で開花させた「革新の花」は、一時のアダ花に終わる他ないであろう。「日米共同声明」によって、「変革の魂」を懐胎したまま「死者」となりはてた沖縄の民衆に対して、権力の側が決定的に引導を渡すべく、仕かけられてきたのが、ほかならぬ「国政参加」と「企業進出」という、政治と経済の両面からの体制包摂の構築作業にほかならない。いうまでもなく、両者を生み出したのは去年の「日米共同声明」であり、日米両帝国主義の体制的要請であり、その必然の帰結だった。それは、日米両政府が、ベトナム戦争を核とするアジア侵略の基本戦略の中に、沖縄返還闘争をたくみに包摂し、それを「民族の悲願」として矮小化し、歴史的体験にもとづく沖縄民衆の反戦＝平和の原点的志向を、結局、霧消させる政治的ペテンであった。同時に四次防の完成と沖縄への自衛隊進駐をくわだて、軍国主義への道をひた走る日本帝国主義による「本土の沖縄化」をイデオロギー的に準備するものにほかならない。

このような沖縄をめぐる錯綜した状況は、いま「国政参加」選挙の狂騒へ雪崩をうって進行することで、沖縄は新しい局面を迎えようとしている。既成「革新」諸党は、保守党ともどもに、共同の体制的＝反人民的陥穽にはまりこんでしまった。このような状況下で、本土の知識人が六八年の主席選挙で生み出した屋良「政権」とその母体の「変質」への責任意識も追求もなしに、再び同じ行動パターンをくりかえそうとしている。今日（十月十一日）の「沖縄タイムス」は「支援署名よびかける、本土の学者文化人に」という一段の小記事を載せている。「評論家中野好夫、作家大江健三郎の両氏は、喜屋武復帰協会長の参院出馬について、本土の学者や文化人に呼びかけ、支援の署名をはじめた。六八年の主席選挙に屋良候補を支持した方式により、後援会やはげますの会とは別に本土の知識人の意思を集めようというもので、趣意書には、戦後沖縄の復帰運動に（の？）歴史的役割を強調、国会においても、沖縄の同胞の声を強く反映させるために、必勝を助けようとうたっている」と。この記事の意味することは大きい。屋良「革新」「政権」誕生後の、底辺の沖縄民衆の、「革新」の変質への満腔の怒りと「裏切られた革命」ならぬ「裏切られた革新」への絶望を放置しながら、国政の現状を、この候補者が当選することで、「沖縄の同胞の声」が「強く反映」するという程度にしかとらえない度しがたいオプティミズムは、いまさら言うまでもないが、彼らのそのような行動が結果する沖縄の民衆運動の体制内無毒化＝封印の客観的役割は、彼らの主観的意図とは別に、断罪されなければならない。これら、いわゆる沖縄の「革新」候補が、現実の沖縄の政治世界において、どのように行動し、何をたたかったかは、沖縄現場の民衆でないとわかるまい。

すでに、大正、昭和時代のリベラリスト広津和郎が告白した、その心底からの良心的な自責の言葉には、沖縄とかかわる今日的知識人の嘘とごまかしが照射される。「自分が『さまよへる琉球人』の中で、沖縄県といふものに対して持った同情とか厚意とか言ふものが、如何に第三者的な、生温い、身には痛痒を感じない人間が、遠くから他人の痛みに同情してゐるといふだけの薄っぺらなものであった事を、恥しく思ひます。——自分は厚意であったところのものが、結果に於いてあなた方に累を及ぼす事になった不明を、前にあなた方に謝しましたが、併し此処まで考へて来ると、そんな謝罪の仕方では何もならない。寧ろ、中途半端な認識不足の厚意なぞというものが、真の実感者に取っては、ややもすると有難迷惑にしかならないといふ事実を、はっきり此事によって知らされたといふ事に、自分は首を垂れて深く内省すべきです。」(「沖縄青年同盟よりの抗議書—拙作『さまよへる琉球人』について」『新沖縄文学』第一七号より、傍点、仲宗根)。「六〇年安保」で、状況認識の中に「沖縄」の存在を決定的に欠落させた知識人は、そのおのれの「知的怠惰」に「首を垂れて深く内省すべきです」

私は沖縄「革新」の今日的ありようを、私なりに予見して、「日米共同声明」発表直前の日に次のように書いたことがある。従来の復帰運動の支柱となった日本ナショナリズムは、佐藤、ニクソン会談の成功によって、体制側に整序的にかすめ取られ、そのことによって、この時点で、従来の復帰思想は存立の基盤を失った。沖縄の人民運動は復帰を境にして、本土の政治的諸党派への系列化傾向の急進によって拡散し、各々が衣装がえをして相応の場所を得るにちがいない。その際、現時の沖縄的変則状況下での顔をぬりかえて、民主制の腐敗形態たる衆愚制的な組織の力にのっかって「人民の友」の相貌で立ちあらわれるであろうところのじようず者を私たちは許さない。例えば、ついえ去った二・四ゼネストの裏切り者どもの犯科帳を、私たちは心に銘記して、まちがってても沖縄人民代表として国会の赤ジュータンをカッポさせてはならないのだ」(「沖縄タイムス六九年十一月二四日、アメリカ世、ことばの検証。三条の里子。『この甘ったれの国家幻想』）「……しかし私たちは八・一五の原点は忘れ去り、近くは二・四ゼネストの裏切り者どもの犯科帳から何も引き出してはいない」（同紙、七〇年八月十四日、八月十五日によせて、『政治的感性を失うな』）

この断定の前提として、私は復帰主義＝議会幻想とは無縁のところに立っていたつもりだし、「即時無条件全面返還」と言おうが、「完全復帰」と言いかえようが、それが国家論を欠落させた位相で発想されるところの、一定の復帰幻想に誘われているかぎり、私は反復帰の情念を燃さなければならないはずだった。明確な復帰拒否の立場を表明すべきはずだった。少なくとも、私の真意はそこにあったと思う。しかし、現実には、右のような形でしか（つまり、復帰主義を前提的に認めるような形でしか）ものが言いえなかったし、まして行動し得なかった。

私は、このような痛切な自己反省の極北の地点から、いま、おのれと沖縄の統一的な、「擬制」の民衆運動の遺書を綴らなければならない。むろん、現時点で、沖縄の歴史的、政治的遺書を書くには、まだまだ早すぎるかも知れない。そして、この種の遺書はなお多くの人によって、多くの立場から書かれるであろう。特に、「国政参加」選挙に狂奔する政治潮流の大勢の中で、国政参加拒否の思想と運動が、灰の中のダイヤモンドのように、極少部分ながら沖縄社会に現存するにいたった事実は、私に一縷の望みを抱かせる。むろん国政参加拒否の行動それ自体に大きな意味があるのではなく、私はそれがはらむ思想的果実を問題にしたいのだ。だが、それも、政治「異端者」的な諸セクトの、一時的な党派連合にとどまるかぎり、それは一時的な燭光として終息するより他ないであろう。そして、彼らの「知」が正しく沖縄社会をトータルに把握する力量をもつとしても、それを担い切り得る民衆が、意識的、組織的に存在しなければならない。それが存在しない限り、彼ら政治「異端者」

は、沖縄社会の「永久啓蒙者」として以上の存在にはなり得ないだろうし、従ってそれが一定の物質力として、沖縄の政治世界に登場することはあるまい。

本土日本に向かう私たちの「目」

戦前、日本社会における「ユダヤ人」的な虚偽意識が、「沖縄人」に対して全社会的にび漫していたことは、ほとんど「常識」とさえなった歴史的事実である。戦前、日本社会における「沖縄人」とは何であったのか。「ユダヤ人とは他の人々が、ユダヤ人と考えている人間である。これが、単純な真理であり、ここから出発すべきなのである」（サルトル『ユダヤ人問題についての考察』安堂訳）まさしく、私たちもまた「沖縄人（＝琉球人）とは他の本土日本人が、沖縄人（＝琉球人）と考えている人間である。これが、単純な真理であり、ここから出発すべきなのである」と言わなければならない。とは言っても、本土日本人の間に、「沖縄人」に対して、「部落」出身者に対するが如き虚偽意識が持続的に拡大再生産されたそこには、「沖縄人」の側に「何かが」なければならない、ということも「常識」的には、一応言える。それは、「沖縄人」（＝琉球人）とかかわりを持った個々の本土日本人の経験が、大きく作用している。一般の人間の生活原理は、アプリオリに感情的論理に従う性向があるので、諸価値の一切の根源が「沖縄人」（＝琉球人）たること、その一点に短絡してしまう。例えば、人間存在一般のマイナス価値（憎悪、貧困、不潔等）が「沖縄人」（＝琉球人）なるが故に、と断定される。しかし、「経験が、ユダヤ人という概念を生むというのは、とんでもない話で、逆に、その概念が経験に色をつけるのである。もし、ユダヤ人が存在しなければ、反ユダヤ主義者は、ユダヤ人を作り出せずにはおかないだろう。」（サルトル・

前掲書）

こうして、日本社会における「ユダヤ人」として、支配と被支配の関係を神秘的にカヴァーし、その円滑な「秩序化」のクッション機能を担保するため支配者によって作りだされたのが、「部落」であり、「沖縄」であり、「朝鮮人」なのであった。「ユダ人《ママ》程、反ユダヤ主義的な人間はいない」といわれるが、私たち、特に本土在住沖縄人が、「部落」「朝鮮人」に対する差別」に容易に感応しえないゆえんは、戦前、天皇制下において、なみの日本人を希求し続けた私たち沖縄の先祖たちの悲劇的な「苦悩に満ちた固執観念である」（サルトル、前掲書）しかし、本土日本において、他にも厳存する差別の一形態としての「沖縄差別」は、これまでのように、単なる心理学的分析の対象にするのではなく、それが、日本国家の全体的な支配構造の必須的な核を形成している現実をこそ重視して、その全体構造との関連において、その謎は解明されなければならないものと私は考える。

　このような目に見えない、心理的な差別は、隠にこもるだけに、明白な法制度的差別より以上に、始末におえないものであろう。後者であれば、一定の政策過程に住民エネルギーをイン・プットして、法制度的落差を補填することによって、一応解決する。しかし、「日常性」に生きる人間の意識の中の、対他的な「思い込み」は、よほどのモメントがなければ、変革され得ない。それは、人間が支配者の側からの支配者的イデオロギーを、無意識のうちに不断に受容させられているだけに、このような攻勢的な支配イデオロギーを破砕し、「意識の自己変革」へまで到達するには、主体的な弾機が介在しなければならない。

　沖縄の場合、本土日本の中の、心理的な「沖縄差別」と法制度的な「沖縄差別」は、両者が互に因果関係を形づくりつつ、ひとつの円環運動をくりかえしたように思う。「差別」意識が法制度的な「差別」に結びつき、法制度的な「差別」が「差別」意識を生み出す……。（「差別」とは例えば、いわゆる、布令（布告）判事、検事、弁護士等に「国家試験合格者なみの資格を附与する「特別措置法」のように、当事者たちに一見「利益」にみえても、全県民的にはやはり「差別」である）

このような「差別」の円環構造の存在を、私たちは矮小なものとして、否定することはできない。何故なら、私たちが「合法的社会の頂上にまで達した時にさえ、漠として無定形だが、いたる所に存在するもう一つの社会が、稲妻のように姿を見せ、彼等（ユダヤ人）をはねつける。彼等は、一種特別な形で、名誉や財産のはかなさを思い知らされるのである。なぜなら、どんな大きな成功も、この、本物であることを自ら主張する社会にはいることを許してはくれないからである。大臣となっても、彼は、ユダヤ人の大臣であり、選良であると同時に、触れてはならないものなのである。しかも、彼等は、特にこれといった妨害にぶつかるわけではない。ただ、彼等のまわりには、逃げが打たれ、言いようのない空虚が掘られ、そして、特に、彼等の触れるものが、すべて、価値を失って行くのである」（サルトル、前掲書）

戦前の日本社会における、私たち「沖縄人」の錯雑した怨恨（本土日本と本土日本人への、そして沖縄と自己自身への）は、多く「沖縄差別」からきている。本土日本で、功成し名をあげた「沖縄人」が、東京の一角で周囲を気にしながら、昼間、毛布をすっぽりかぶって、三味線（本土人は、本土のそれと区別するため蛇皮線という）をかき鳴らしていた（いる）という事実は、私たちを恐怖と滑稽の錯綜した想念におちこませる。本土日本社会における、このような「沖縄人」のありようは、沖縄の暗部として、私たちの精神世界の基底に、確実に措定されてきたものだ。本土日本人の中では、私たちは、「沖縄人」たることから逃げることは、結局のところ、できはしない。だから、そこで、私たちが生き残るには「沖縄人」たることを正面から引き受け、その倨傲なまでの姿勢を、彼等に反措定してぶつけるよりほかかない。逃げて逃げて逃げきれない「沖縄人」たる私たちや私たちの祖先の、「沖縄人」たることからの逃亡のパターンがいくつか考えられる。

その第一の極に、「大和人」に対して、正直に反情を示すなどという、いじけた心情は、当該個人の、「沖縄人」たることによってではなく、特殊＝個人的な、種々のインフェリオリティ・コンプレックス（劣等感）によって過大に規定されたものだとし、つとめて「沖縄差別」の客観的な存在を過少に評価し、あるいは全く無視し、言語、姿態風俗にいたるまで、「大和」風をもってプラス・シンボルとし、自らもそのような態度をとる者である。

他方の、第二の極に、極端なほどに「沖縄差別」に拘泥し、おのれの人間存在が「沖縄」に圧倒され、特殊＝個人的な差別さえ、「沖縄人」たることからの「差別」と等置する「沖縄主義者」がある。この場合、「沖縄」の像が、個人の心像の袋をギリギリの限界点まで含水させ、ついには、それを破水させるにいたる。

私たちの「沖縄学」の先学たちが行ったことは、このような「沖縄差別」のただ中で、熱狂的に本土日本（人）との同一化志向を、いじらしいまでにつのらせてきた沖縄の民衆の心情を、学的に展開したものであった。それは、支配の側が、いわばひとつのテーゼとして放出してきた「オキナワ・イデオロギー」に対して、彼ら先学たちが、それに対して、いわばアンチ・テーゼを提出し得たというにすぎない。（だから、沖縄近代史の中で、彼ら先学たちが占める思想的意義には、逃がれがたい、明確な今日的限界性を免れ得ず、現実具体的に言えば、本質的に体制ワク組内の改良運動に堕し、自からの体制内圧力集団化の実質を、階級的口調で隠蔽しているにすぎない「革新」政党系の、「歴史家」が、これら先学たちの業績を過大に評価し、その呪縛から逃がれ得ていないのは、彼ら先学たちの思想的射程距離が体制ワク内にとどまっていたことと、その「革新」政党の現在的な本質的役割とが符号していることの裏返しであり、すこぶる示唆に富む問題を含むものだ）

「沖縄人」が戦後、このような形の逃亡のありようを拒絶し、日本国家に、いわば明白なジン・テーゼをつきつけたことは、二度ある。一度目は喜劇として、二度目は悲劇として。一度目はいうまでもなく、没歴史的な「沖縄独立論」として。二度目は、現在、国政参加拒否の思想として発酵しつつあるところの、戦後、思想的出発をとげた沖縄の二〇代～四〇代の人々の「沖縄自立論ないし土着的沖縄論」として。

前者は、いうまでもなく、アメリカの強権支配がその絶頂にあった時期に、二、三の人々によって、極小政党として存在した。それは社会関係から支配、被支配の視点を脱落させたまま、沖縄の民衆の間に水脈のように潜伏している日本拒絶の精神を、直截なまでに政治スローガン化したものであった。しかし、運動上の主流派を独占していた「日本復帰論」の大潮流に対抗するに質的量的に貧弱なイデオローグによって支持され、当時の支配権力と癒着したような印象をさえ、民衆に与えたことが、それが、政治潮流の末席さえ獲保し得ないまま、消滅状態におちこんだゆえんであろう。その、歴史への逆行を未来へ直接的に連結する論理には、媒介的にいくつかの段階作業が要請されるだろう。単純明解に「沖縄独立論」が存立するのに、沖縄をとりまく大状況は、あまりに非牧歌的すぎるのだ。これが、一場の喜劇として舞台を去らねばならなかった必然性である。

それに対して、後者は、戦後沖縄の民衆運動＝復帰運動が、体制内化し敗北して行ったことが「日本（本土）に対する決定的な「異質感」に根ざした『思想の自立性』の構築を捨象した没階級的な形式統一戦線論と、それにもとづく擬制の連帯意識がたどる必然の行程であったわけで、その意味において、戦後沖縄の二十五年は、明治の『琉球処分』によって規定された近代沖縄の歴史から何一つ学ばなかった」ことに由来するという、痛苦の反省的自覚に立って「沖縄人の独特の対日本（人）知覚現象は、沖縄人の自己卑下と被差別意識にもとづいた、否定すべきマイナス面だと考えられてきた。たしかにそれは、自己卑下と事大主義の相関的な適応関係として現象する面もあるが、むしろわたしたちは、それをマイナスとして恥じ、これを退けるのではなく、逆にこれを日本（本土）とその国家権力を相対化してゆくためのプラス要因として、思想的に取り込むことによって、国家権力による〈被害者〉から、国家権力に対する〈加害者〉へわたしたちを転化させる契機にすべきではないか」（新川明、「沖縄と七〇年代」、沖縄タイムス、七〇年七月十四日）という強靭な自立思想に支えられた大胆なラディカリズムである。それが党派や組織の呪縛から自由な地点で発想され、「沖縄差別」を本質的に超克し、沖縄の自己解放とその再生を意図する斬新な構造を、核心的に保持しているがゆえに、そのパトスとロゴスとにおいて、これまでの沖縄思想の中で、最も強力かつ魂力にあふれたもののひとつと言える。むろん、〈被害者〉から〈加害者〉への転化という論理が、現実性を獲得するために、それにどのような社会構造が前提され、いかなる政治的与件が充足されなければならないかというような、現実化の中での具体性の追求が、なお深化されなければならない課題として残されているというべきであろう。そうでないかぎり、思想が現実を獲得することはあり得ない。しかしながら、〈金力〉や〈大衆イメージ〉や〈組織便乗〉だけで、屁のカッパ同然の政治屋どもが、一体となってかなでている「国政参加」狂死曲の氾濫する現在的政治世界に〈頂門の一針〉として、それが現実的に機能していることは否定し得ない。そして、この思想が現実を獲得したことの端緒的なあらわれが、去った十月八日、那覇で五百人の人々が集った「10・8国政参加拒否大討論会」であった。この集会では「市民運動的な色彩と内容の芽生えがみられた」（十月十二日、沖縄タイムス）というが、それは当日の宣言文に「これまで直接民主主義的に展開されてきた運動の成果を議会内の論戦に無化させ、沖縄の大衆運動に秩序的、合法的に引導を渡す策謀に加担する革新諸党の裏切りと堕落は許せない」と謳うように、従来のいわゆる「祖国復帰運動」総体の思想と行動を、全面的に問うているものであろう。かくて、「祖国復帰運動」とは私たちにとって何であったのか。

「祖国復帰運動」の思想的総括

私たちが、二十余年の長きにわたって、本土及び本土日本人への、熱い帰化の情を、狂気のように表明し続けたのは、あれは、一体何であっただろうか、そもそもが、私たちはあの、いわゆる「祖国」を求めていたのだろうか。「日米共同声明」によって、従来の復帰思想が日本国家の術中におちいってしまい、バラバラに解体されてしまった現在、魔法から醒めた後のように、私たちは、何とも後味の悪い気持に沈んでしまう。

確かに、私たちの、「復帰」にかける情念のおもむくところは、「異民族支配からの脱却」などとは言っても、実際にはそれは「異民族からの脱却」に力点が置かれ、「支配からの脱却」という、権力への猜疑の論理が微弱すぎたが故に、「同民族＝日本支配への没入」としての「祖国復帰運動」へとズブズブと落ち込んでしまい、「異民族支配からの脱却」という政治スローガンが、実は「異民族からの脱却」と「支配からの脱却」という二つの反対概念を、いわば木に竹を接《つ》ぐ体《てい》のものとしてあったことが、今、ようやくにして露呈した。

「祖国復帰運動」が、安易な民衆意識を立却点に、国家論を欠落させた上に民衆の本土日本への屈折した怨念を未整理のままかかえこんでいた以上、私たちが「国家」の幻想性に対峙しうる原理的拠点を構築し得なかったことは、理の当然であった。そして、復帰運動のヘゲモニーが、没階級的なナショナリズムによって席捲されたものであってみれば、運動の総過程の帰結としては、「共同声明」後の今日の混乱した、この事態は、運動の「指導部」にとっては、当然に予想された既定のコースであるにちがいない。もし予想し得ずに、今になってあわてふためいているのであれば、その思想的盲目は嘲笑に値する。

しかし、何らかの形で復帰運動にかかわりをもち、いくほどかの状況変革の望みを、それにかけてきた民衆にとっては、羊の恰好をした狼たちに引かれて、とうとう「国家」悪というワナにおちてしまったという思いを禁じえないであろう。どうして、予見され得たはずの、このような事態を回避し得ず、沖縄は再び「処分」の対象とされ、私たちの人民意思とは無縁のところで、おのれの運命が決定づけられ、「復帰不安」に苦悶しなければならないのか。もっと問題なのは、それでもなお、「国政参加」選挙などという、それ自体が、「日米共同声明」の実現過程であり、「琉球処分」の強行手続にほかならない国家的儀式に、「日米共同声明路線粉砕」を叫ばされて、選挙騒ぎにかりたてられて諾々としている「民衆」とは何か。ナショナリズムの不条理な心理と論理、と言ってしまえばそれまでのことだが、復帰運動という、あれほどの熱狂的な民衆の歴史的行動は、そのような一般論には解消できない。どうして、復帰運動は生成↓発展↓消滅という、公式的な弁証法を確実に歩まざるを得なかったのか。その「生成」「発展」「消滅」の三段階は、それぞれ相互に規定しあって、復帰運動の総過程を形成したのではあるが、三段階のそれぞれの各段階について、その生理と病理の論理構造とそれらの相関関係を明確かつ詳細に展開しなければ、実は復帰運動の歴史的「遺書」は完結しないだろう。しかし、編集者から指定された紙数も尽きた。ただ結論的にいえることは、復帰運動は、毛色のちがう「異民族」に抗して、私たちが特殊的に階級的に無色な「沖縄共同体」を、意識の中のどこかに隠しもって、そこを基点に展開されたのだ、ということである。従って、個々の私たちの、「復帰」にかかわる姿勢を反省的に告白させれば、私たちは、それほど「祖国」としての日本を求めてはいなかったのではないか。民衆にとっては、帰えるべき国は、アメリカ以外の国であれば、およそ、どこでもよかったのではないのか。だが、にもかかわらず、どうして民衆は復帰運動にあれほど熱狂的にかかわったのか。それは。古くからこの地にあった人々の「共同体」志向の傾向、「孤独なる群衆」のリースマンの言葉を借りれば、「他人指向性」が復帰運動における各個人の行動原理となっていたので、運動の拠点が「共同体」にあったことも手助って、きわめて親しみやすいものとなったのであろう。しかも、運動が、ステロ・タイプ化した因襲的な祭りの形態をとったので、そのことは、なおさらのことである。

沖縄の復帰運動とは、結局のところ、島の祭りであった。

沖縄の遺書

こうして、「たたかう沖縄」という壮絶なイメージを噴出させてきた復帰運動は、「日米共同声明」とその後の政治過程の中に、完全に囲い込まれ覆滅せられた。「沖縄共同体」意識を内臓したナショナリズム運動＝復帰運動は、そのロマンの道を完全にのぼり切って、いまや、沖縄社会も、階級と階級のデーモンが死力を尽してせめぎあうリアルな社会構造への再編過程の入口に立っている。そこでは、これまでのように「沖縄人」総体を丸ごとかかえこんでの「われわれ」意識で、擬制の統一組織を支点にして外部的に対処した従来の運動の構造は、もはや維持できない。以後、運動総体の力量は決定的にダウンし、逆に、民衆の、在来の事大主義的な中央権力志向性は増大し、一切のものの解体と再凝集が進行する中で、擬制の「組織」、「人間」、「思想」は、相応の場所を得て、終焉することはまちがいない。終焉の仕方も、「変身」や「居直り」や実質は旧態のままの「レッテルのはりかえ」等、いろいろあろう。

そのとき、それぞれの死骸からぷんぷん立ちこめる悪臭に気おちせず、私たちは、彼らの最後の悶絶を見届けなければならない。私たちの出立は、それからでも遅くはない。


（公務員）

『新沖縄文学』18号　編集後記

昨年十一月の日米共同声明によって沖縄の「七二年返還」の合意をみ、二十五年におよぶ長い苦渋の歴史に終止符を打った。

あれから一年。「共同声明」後の沖縄は、日米安保条約の自動継続に伴い、日米共同声明路線の定着化という「沖縄」をカナメ石として、日本の国家権力が軍国主義化への急傾斜をみせる中でもろもろの不安と焦燥の中で〝没化〟状況を呈しつつある。とりわけ、「復帰運動」（思想）は、「七二年」を前にしてさまざまな自己矛盾をあらわにし、沖縄の抱えている問題を、的確にとらえ、そこへ、鋭く斬り込み、主体的に選択を行なうということを自ら避けるという、思想的混乱の中に自己解体を続けている。

本号は、「共同声明」以後の状況をふまえて「復帰とは何か」、というその原点を探る上での「反復帰論」を特集してみた。もちろん、今回の特集でその問題の全体像をつかみとることはできないが、次号にも引き続いて提起していきたい。

（K）

『新沖縄文学』19号

特集 続・反復帰論　1971年3月20日発行

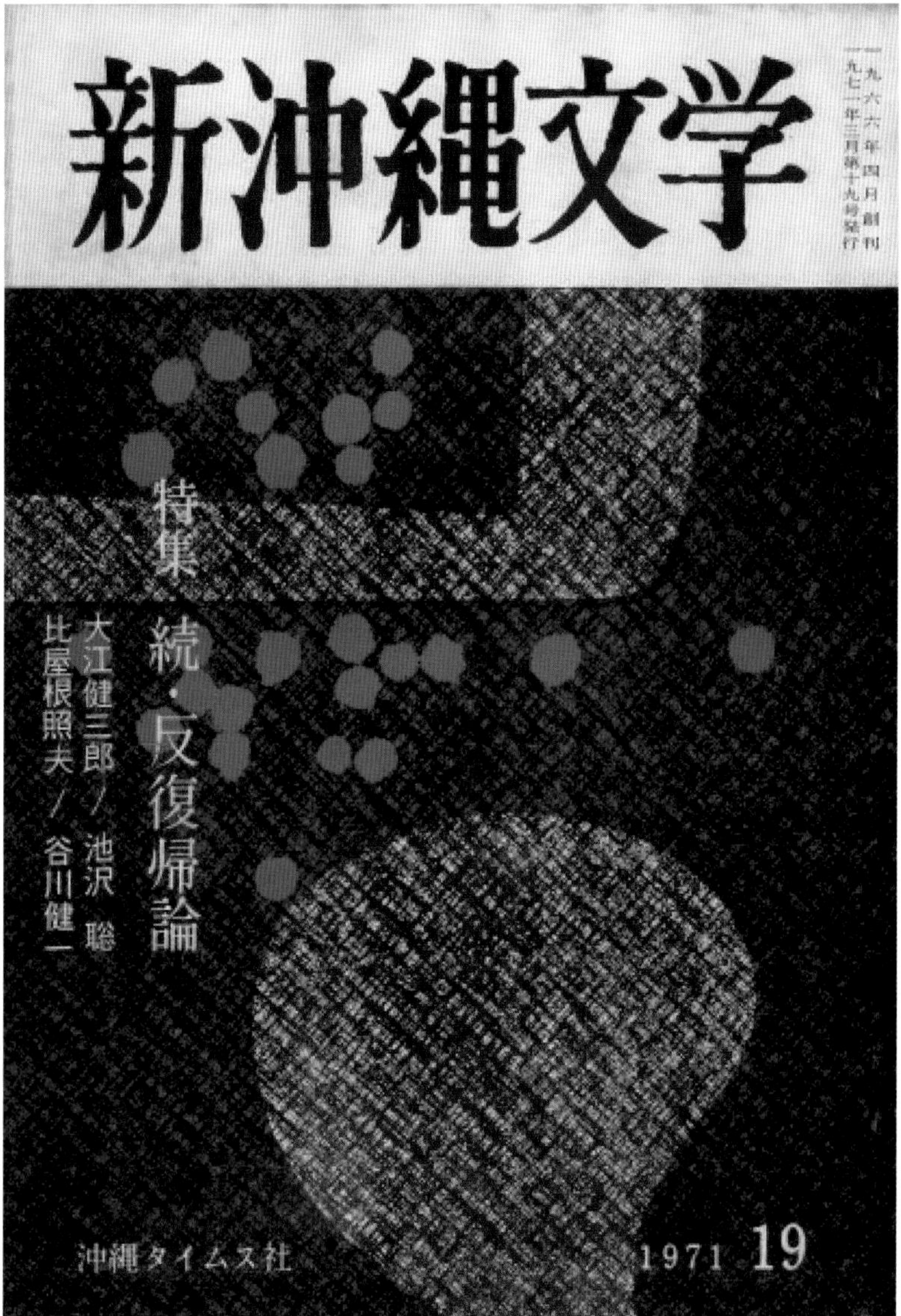

特集　続・反復帰論

新沖縄文学（一九七〇年・第18号）で特集した「反復帰論」の意図はどこにあったか。それについては、かつて主要テーマとして掲げた「私の内なる日本」の延長として、全体論に対する個の問題、体制の中へ没入することによる個の抹殺という、容易ならぬ危機を控えて、そこで改めて自分（沖縄）を問い直しをする必要に迫られたからである。

「要するに思想は根底に〃ノー〃というものがなければ、その基盤を持たないということからすれば、沖縄のかかわりあっている問題というのは、その土台に〃ノー〃を置いて考えていくほかはないし、そこから思想を構築する必要が出てきていると思う…」（沖縄タイムス2月23〜28日文化欄〈復帰と沖縄の文化〉大城立裕氏との対談、谷川健一氏）とおり、こんども（第19号）引き続き復帰の原点を探る、その2「続・反復帰論」を編んだ。

前号が主として、沖縄からの問いかけであったのに比べ、この号では、外側からの発想として把えた文章を主体とした。勿論、復帰のレールが敷かれて、いま反復帰論を掲げることによって、この重大な問題の十分な足がかりとなるとは考えていないし、もっと多くの精神的作業が行なわれなければならないはずである。

大江 健三郎

おおえ・けんざぶろう　１９３５年愛媛県生まれ。作家。58年「飼育」で芥川賞受賞。94年ノーベル文学賞受賞。アメリカの施政権下におかれた沖縄を訪れ『沖縄ノート』(70年)に著す。他の著書に『ヒロシマ・ノート』『万延元年のフットボール』『燃え上がる緑の木』など。２０２３年3月3日死去。

沖縄の友人への手紙

大江　健三郎

昨年の冬、僕は、那覇からアジア、印度への旅に出発し、そして再び、那覇へかえることを考えながら、様ざまの、多くは僕の意志に反した事情によって、マニラから東京へと、ひと跳びに帰国しました。したがって、那覇での友人たちのことを考えますと、あの男はアジア、印度へと飛び立ったまま、まだ戻ってこない、と時どき、南方の空を眺めてみられる人々の、後姿が見えてくるような気持になります。僕自身、沖縄に、視点の軸をおいて、自分のアジア、印度の旅のことを考えると、まだ自分が、カルカッタ—バンコック間を飛行しながら、思いあぐねている、というような感慨を持つのです。

実際、僕は、とくにアジアを旅行しつつ、沖縄について考える時、これから日本に帰って、いったいどのような展望を持つことができるだろうと、暗い思念にとらえられることが、しばしばでした。ことの本質についていう時、アジアにいたる、日本からの出口は、沖縄において開いていなければならぬはずでした。現実を見ても、米軍のアジアへの侵略の直接の軌跡は、沖縄の上を黒ぐろと覆って、ヴィエトナム、カンボジア、ラオスへと向っています。アメリカの政治家たち、軍部の人間にとっての、極東の地図は、まさにそのように沖縄を、もっとも中心的な関門としているにちがいありません。

すなわち現状は、世界を動かしている最大の危険なモティーフのひとつが、アメリカ↓沖縄↓アジアというかたちにおいて実在しているのです。ところが、日本あるいは日本人は、アジアに視点をおく時、沖縄を、その視野にいれぬかのごとくです。すくなくとも、七二年の施政権返還から、アメリカ（日本）↓沖縄↓アジアという軌跡をえがいて、ヴィエトナム戦争にむかうであろうことに、眼をむけているようには思われません。また、現在の問題として、破壊する力としてアジアに介入して行く日本というものを、その逆の力としての日本におきかえる想像力をはたらかせつつ、その新しい軌道に、日本↓沖縄↓アジアという道を考えている日本人は、まことに少いであろうと感じとられるのです。

沖縄には、アジアを破壊し、アジアの人間を殺戮するための基地がある。しかし、それはそのままにして、建設的なアジアへの発展は、東京経由でやろう、というのが、アジアに現実に進出している、大方の日本人の考え方であったように思われるのです。アジアへのもっともいまわしいインパクトの拠点としては沖縄をつきだし、そのようなインパクトを逆のがわからなんとか解消しようとする（といっても本気かどうかはわかりませんが）動きの上では、沖縄を、アジアからいっとう離れたところへひっこめる、という感覚が、日本人一般のものではないかと疑われるのです。

そこでアジアから、沖縄、日本を見すえる人々の眼には、日本人とは、アメリカ人とともに殺戮し、破壊するためには、沖縄をとおってやってき、金をちらつかせ満面笑みをたたえてやってくる時には、東京経由でやってくる人間だと映って当然であろうと思うのです。それは、そのこと自体で、日本の「平和的」アジア進出に、本質的にいかがわしいところがあるのが、ほかならぬ沖縄の視点をおいてみれば、丸見えだということを示すでしょう。そしてそれと共に、日本人が、いまあらためてアジアに関わりつつ、沖縄をいかに踏みつけにしているかを、それこそあまりにもあからさまに示すものでもあるにちがいありません。

いったい沖縄の自立ということを本気で考えてみようと、するならば、アジアと日本との、言葉のまっとうな意味での平和的な関りあいにおいて、日本↓沖縄↓アジアという道がひらかれねばならぬのであることは確実です。その道の開拓が容易だ、ということで、確実だ、などといっているのではありません。きわめて困難であり、現在の日本という国家の体質を考える時には、それが絶望的に困難であることを思いつつ、しかしそれよりほかに道がない、ということをいっているのです。しかも永い眼で見て、アジアにおける日本の真の自立ということを考えれば、その道の開拓がなされるほかになく、そして、現にアジアを旅行している日本人としての僕に、自分の国は、およそそのような、永つづきのする真の自立など、考えてみもしないようだぞと、つくづく身につまされてさとらざるをえないありさまでもまた、あったのです。まことに晴れやかな気持になることのできない旅行なのでした。その暗く湿っぽい気持ちはいまもつづいており、そのようなもの思いの中で眼をつむると、自分がぐったり疲れた躰を、カルカッタ—バンコック間の飛行機のシートに埋めて、なんともあてどない憂鬱にひたされているままなのだ、まだ本当の自分は、いかなる場所にも、しっかり足を踏みしめて、帰り立ったわけではないのだ、という不安定で焦立たしい思いにとらえられるのです。

そのようなアジア旅行、印度での小滞在のあいだにおいて、僕は繰りかえし、沖縄における復帰拒否の運動ということについて考えていました。それは僕が、この旅立ちの起点においた、「国政参加」選挙下の沖縄において、その選挙をボイコットしようという運動がおこなわれているのに接したから、というのが直接の原因でしたが、いくらかなりと沖縄についてまなんできて、自分自身、その課題に正面からむかわねばならぬことを感じとっていたからでもまたあるのです。

歴史にのっとりつついえば、日本本土指向でない沖縄というものの考え方は、いかにも多様にあったように、素人の僕にも思えます。表面的には、日本指向の態度をとりつつ、その考え方の根本には、琉球、沖縄の自立ということをすえていた政治指導者は、蔡温のみならず数多いでしょう。琉球処分をひかえて沖縄の将来を苦慮した人々にそれがあり、公同会事件前後の謝花昇にも、まことに独特なかたちのそれがあったはずです。戦争にむかい、それをくぐりぬけるあいだの、切実な苦境をこえて生き延びねばならなかった。伊波普猷や仲原善忠のような思想家たちもまた、その中核のところでは、沖縄の自立ということを、日本的制限を超えて考えていたように思えてなりません。

そして米軍の支配下での二十五年間に、じつに多様な、そしてそれぞれが苦しみをこめて行きづまった、沖縄の自立への模索があったことを僕は、教えられてきたように思います。台湾からの資金による、沖縄独立運動といった、ちょっとした冗談のようなかたちで口に出されたたぐいの動きにも、僕は笑って見すごしてはならぬ芽がふくまれていたと思うものです。「沖縄人の沖縄—日本は祖国に非ず」というような叫び声を思わせる主張にいたってはなおさらでした。そしてそれらが、おもに保守陣営からの意見であるとしたら、解放された日本にむけて返還されるのでなければ、沖縄が解放されることはない、という進歩派の考え方は、今日の日本の状況からみて、まったく直截に、沖縄の自立への主張であったと思うのです。

僕はこの種の思想の様ざまのあらわれかたをなお、限りなくあげることができるでしょう。そしてそれらの展望の上にたって、僕は現在の沖縄における返還拒否の考え方を、とくに独特な原理によっていると感じとるものなのです。

それは一方には日本の側の状況によってもたらされた独特さであるともいえるでしょう。僕は、沖縄の人々が、ここではほかならぬあなたが、日本に戻ってくることを拒否する時の、その「拒否される日本」に属する人間として、自らを批判的にかえりみつつ、それについて考えすすめねばなりません。すなわち、七二年の施政権返還について、大方の日本人は、それを沖縄が「日本」に返還されるのだと、ひいては、沖縄が「本土の日本人」に返還されるのだと、考えているように思われるのです。そこには日本人のまことにぬきがたい日本的「中華」思想が、また、アジア規模での展望の欠如が重く作用しているといわざるをえません。日本人は、沖縄が沖縄の人々の手にかえる、というふうに考えてはいないのです。あまつさえ、日本人の誰が沖縄が沖縄の人々の手にかえることによって日本人全体が変革されうる、というように問題をすすめていっているでしょう？　そうした人間がいるとしても、それはごく限られた数にすぎません。

そのような状況とつきあわせる時、沖縄の人々が、米軍の統治下の二十五年のあと、いま七二年の施政権返還を、いったいどのようなものとして、主体的に考えるか？　その主体的に考えてゆこうとする、まったく基本的な態度そのものが、僕には、すでにさきにのべた日本人一般の考え方のパターンと、はっきり対立する、と思うのです。すなわち、現在の状況での、返還拒否論というものは、まさにそのような根本的な方向性にたっていると、僕には考えられるのです。

そこで僕は、これまで沖縄の施政権返還を深く希望し、またそのために働く人々にわずかながら支持の声を発してきた人間でありながら、いやそれゆえにこそ、いま沖縄での返還拒否の考え方、運動に、耳をすまし注視をおこたるまいとねがうものなのです。

この根本的な方向性にたって、ある土地の住民が、ある国家への統一（僕にはこの言葉の暴力的な響きと、望ましい響きのふたつをこめて、沖縄の施政権返還とは、沖縄と日本の統一であると思えるのですが）を拒否する、ということには、およそ歴史的に新しい考え方のきっかけがふくまれているように思えてなりません。

ある党派の利害、宗教上の差異というような理由で、統一を望まぬ少数者の側の拒否運動がおこなわれたことはしばしばあり、現にいまそれはおこなわれています。沖縄についていっても頑固党の抵抗などには、沖縄の特権階級が、その特権にたったものの考え方、行動法によって抵抗する、というおもむきがあったはずです。「沖縄人の沖縄─日本は祖国に非ず」という命題にも、いわばナショナリズムの裏がえしとでもいうべき、狭い観点はあらわなのであって、それはもっと普遍的な検討にたえうるものとならなければならぬものではないかとも思えます。台湾と協同しての独立、というような考え方も、やはりその根本において普遍的だとは、いえぬだろうと思われます。

しかしいま、戦争の惨禍のただなかから、新しい戦争の基地としての現在にいたる、この二十五年を経験し、それを主体的に見つめなおすことが、日本とアメリカの七二年施政権返還の呼びかけ、強制にたいする、はっきりした拒否へと展開してゆく、というかたちでの返還拒否の動きは、それ自体において、普遍的だと思うのです。それは日本人にたいして、もっとも根本的なところのものを考えさせます。そしてそれは、この二十五年をつうじて日本人が切実に考えつめなければならなかったにもかかわらず、いつのまにかうやむやにしてしまっている、日本的「中華」思想への根源的な一撃として、まず日本人が受けとめねばならぬことでしょう。日本的「中華」思想は、琉球処分以来、つねに沖縄に皺よせしつづけ、それは第二次世界大戦にいたって沖縄に最大の犠牲を課しました。あの敗戦が日本人に問うた最重要な課題は、いまこそ日本的「中華」思想から脱却しなければならぬ、ということではなかったでしょうか？　ところが、日本人は、あらためて沖縄の犠牲において、自分たちの日本的「中華」思想を温存したのでした。

そこに現在、日本が新しいアジアの脅威となりつつあり、沖縄の施政権返還を、いまのようなかたちで押しすすめようとしていることの、そもそもの理由があると思います。そして、原理としての返還拒否の考え方は、ほかならぬ、その日本的原理たる日本的「中華」思想への激しく核心をいぬく反撃でなくてなんでしょうか？僕は、そのような、日本を超えた原理に立つ、沖縄の返還拒否の動きに深く切実な関心をよせるものです。

いうまでもなく、沖縄の返還拒否の運動は、まず日本人に向けられる激しい勢いのツブテなのであるから、あたかも自分もまた、そのツブテを投げる陣営に参加しえているかのような顔つきをした、本土の人間の文章や言葉は、すべてその根本において滑稽だということを、僕は承知しているつもりです。したがって僕にできることは、ここで返還拒否の運動の実際について仮説をくみたててみることなどではなく、まずなによりも、沖縄からの返還拒否の声に耳をすましつづけることであろうと思います。僕はそこで、あなたにこの手紙を書き、まことに困難であろうところの、その運動の中からの、教示をあおぎたいとねがうのです。

しかし僕がもうひとつ確信しうることがあるように思います。それは、さきにのべたとおり、現在の沖縄における返還拒否の考え方が根本的な方向づけにたっている以上、それは、たとえいかなるかたちにおいて、七二年返還が、強行されたにしても、それらの考え方は、生きた実在としてついえさることなしに持続しつづけるであろうということです。それは、日本的「中華」思想の荒波をかぶらざるをえないであろうところの、沖縄の若い世代のモラリティの核心を支える力として持続しつづけるということであろうと思います。

それはまた、そのようにも根源的な課題のそなえている力によって、日本人全体の、国家観、「日本」観を、変革する契機をもまた持っているはずなのであり、それを考えれば、僕はまさにこの課題の、沖縄における多様な展開の仕方を、ほかならぬ自分の未来像、アジア観のつくりなおしのためにも、注視しつづけねばならぬということなのです。僕の意とするところをおくみとり下さい。

（おおえ・けんざぶろう・作家）

池沢　聡（岡本恵徳）

おかもと・けいとく　1934年旧平良（現宮古島）市生まれ。琉球大学名誉教授（沖縄近現代文学）。1996年第24回伊波普猷賞受賞。主な著書に『現代沖縄の文学と思想』『「ヤポネシア論」の輪郭―島尾敏雄のまなざし』『沖縄文学の情景』など。2006年8月5日死去。

沖縄の「戦後民主々義」の再検討

池沢　聡

（一）

大阪府教委の配布した副読本*「にんげん」の使用について、大阪の沖縄県人会から抗議が出された問題となっていることは、ここであらためてその経緯にふれるまでもないだろう。また、沖縄選出の国会議員によって組織される沖縄議員クラブの人たちや、屋良琉球政府主席が、その県人会の要求に従って、大阪府教委に使用禁止を要請したことも、新聞のニュースによって知らされたことである。

この問題についての、琉球政府主席屋良朝苗や、沖縄議員クラブの議員、とりわけ、いわゆる革新を標榜してきた、喜屋武真栄、瀬長亀次郎、安里積千代、上原康助氏らの関与の態度は、此の人たちが沖縄の戦後の歴史のなかで重要な位置を占めているだけに、沖縄の戦後の内実を検証するひとつのメルク・マールをなすものとして、くりかえし取りあげ、論議されなければならないと思う。

沖縄の戦後の歴史は、ここであらためていうまでもなく、米軍の軍事支配体制のなかで沖縄の人たちが、あらゆる抑圧と差別と闘い、ひとつひとつ、その権利を獲得してくるその闘いの歴史であった。さきにあげた、屋良主席を始め、喜屋武、瀬長、安里、上原氏らは、まさしくその歴史のなかで、その抑圧と差別を廃除していく歴史の先端に位置する人たちであった。沖縄における、米軍の支配そのものが、いわゆる「本土」からの「差別」であると同時に、米軍からの「差別」という二重の「差別」支配にほかならぬこと、そしてその「差別」支配が、人間の当然持つべき権利を否定するものであって、したがって沖縄の人たちのそれに対する抵抗は、いわば人間としての権利に基盤をおくところの「民主々義」実現のための闘いとして、かれらはその闘いの意味を、身をもって示したものであった。

ところが、今度の副読本「にんげん」についての屋良主席を始め沖縄議員クラブの使用禁止の要請は、彼らが身をもってその実現を要求してきたところの「民主々義」の理念が、その内実においてどのようなものであったか、あるいはどのようなものであるかの検証を、あらためて要求しているようにみえる。この問題について、それがどのように、沖縄にすむわれわれの要求した「民主々義」の理念に反する行為であるかについて、あるいは、

＊副読本「にんげん」をめぐる問題（「沖縄タイムス」1970年9月22日付朝刊「差別とは何か　同和教育副読本『にんげん』をめぐって　沖縄と部落問題の距離」より抜粋）「未解放部落の差別を教育の場でなくしていこうと、大阪解放（同和）教育研究会がこのほど同和教育の副読本『にんげん』の原本案に沖縄問題を載せたことから、大阪の県人の間で反対運動がもちあがっている。『部落問題と沖縄問題が同一に取り扱われては困る』という声や『沖縄も本土から歴史的に差別されており、このさい事実をのせ、積極的に差別をなくしていくべきだ』と賛否両論の意見が出され、大阪の県人の間で論争を巻き起こしている。十日には大阪の教壇に立つ沖縄出身教師の会『南友会』と県人会役員との間でこの問題についての意見交換が行なわれるなど論争は一段とエスカレートしている。沖縄現地では四十五年ぶりに『さまよへる琉球人』が再刊されるなど積極的に差別と対決している。部落への差別と沖縄への差別は本的質に同一なのか…。（中略）『にんげん』＝中学生編には部落の人たちへの差別、在日朝鮮人への差別、部落解放の歴史など百八十ページにわたって差別にまつわる項目がのせられているが、この中で『沖縄と差別』が十一ページにわたってのっている。この原文は琉大大田昌秀教授著『醜い日本人』から抜すいされたもので、（中略）沖縄が戦前戦後を通じて本土から差別をうけた幾つかの具体例をあげている。これに対して多数の人が同和教育と同一に扱われるのは賛成できないとしている。それは、沖縄には本土でいわれるような未解放部落はない。歴史的に本土から差別された事実を取り上げていくことも教育かもしれないが、そのことが寝ている子を起こすことになり、差別の〝再生産〟につながるのではないか。（中略）これに対して賛成する意見としては、沖縄が本土から受けた歴史的な差別の実態を正しくのせ、教育の中での中で理解させていくべきであるというもの。（中略）不平等な琉球処分、戦前高等学校がひとつもなく、戦争では県民に多大な犠牲をしい、戦後は本土の独立の犠牲として異民族支配に委ねられた。なぜ沖縄がこのような差別をうけてきたか、本土にいる国民は知らない。歴史的、社会的な背景をえぐり、このさい、国民の中に沖縄を知らしめるべきだ。部落の人たちといっしょに取り扱われるのがいやだというのであればそれこそ差別の〝再生産〟ではないか。これらの賛否両論がたたかわされたが、けっきょく結論は出なかった。」

この問題をどのように処理するかによって、われわれの戦後の歴史の内実が検証されるという性格の問題であることについて、わたしは「戦後民主々義を問いかけるもの」として別に記した（沖縄タイムス、二月十七日～十九日）のであるから、このことについてここで再び述べることはしない。唯、再び強調したいのは、この問題についての、屋良主席を始め瀬長、喜屋武氏などのかかわりかたが、ある意味では、戦後の沖縄の住民運動が、霜多正次氏も描いている（「明けもどろ」）ように、混血児や売春婦の問題についてほとんど何のアプローチも示さなかったことと、同じ根を持っているのではないか、ということである。したがって、この問題については、それが単に、部落や朝鮮に対する「逆差別」につながることを指摘して、その「差別」感をのみ切り離して問いつめる方法や、あるいは、屋良主席や、議員クラブの人たちが、たまたま犯した誤りであるかのように解決するならば、問題の根は残るとわたしは考える。いわばこの問題は、われわれが戦後求めてきた「民主々義」の理念、あるいはその結果としてわれわれのもち得たところの理念の内実を、根底的に検証し、その弱さを克服しないかぎり、このような問題はさらに生ずるものと考えなければならない、というのがわたしの考えである。

というのは、この問題にも露呈されたところの「異民族支配……」の考え方や、あるいは一種の「同胞意識」のようなものが、現在われわれの持っている「民主々義」の理念に深くかかわっているのではないか、そしてそのことをとらえ直さない限り、問題は真に解消されないだろう、とわたしは考えるのである。

このことについては、さきに、「戦後民主々義を問いかけるもの」のなかでも部分的にふれたことではあるが、ここでは、この問題を中心に、とりあげてみたい、と考える。

（二）

沖縄選出の国会議員で組織される議員クラブが、大阪府教育委員会に、「誤解を招くおそれ」があるとして「使用禁止申し入れ」たその理由のなかに「② 沖縄の問題は異民族支配から発生したもので部落などの問題とは自ら違う」という一項目がある（一月二四日付沖縄タイムス）。

この理由付けが、いかに根拠のないものであるかについては、前にも述べたことである。再び簡単にくりかえして言えば、異民族支配から差別が発生するのではなく、いわゆる「異民族支配」というその「支配」そのものが沖縄の人々の自ら治める権利を否定したところの「差別」的な支配にほかならないし、また、敗戦の結果北緯二十七度線によって沖縄を切り離し、米国の軍事支配に沖縄をゆだねただけでなく、沖縄におきたさまざまな抑圧を放置したことが、「本土政府」による沖縄差別にほかならないのである。すなわち、前にも述べたように、米国による沖縄の支配は、「本土政府」および米国による二重の差別の現実化されたものであって、「異民族支配から発生した」ものではないことは明らかである。

このことについては、いまさらわたしがここでくりかえし指摘するまでもないことで、当の屋良主席を始め、瀬長、喜屋武氏など議員クラブに所属するいわゆる「革新議員」たちが、われわれに教示してきたことである。

とするならば、なぜ彼等がこの問題についてこのような理由づけを行ったか、あるいは論理を歪曲してまでこのような理由づけを行い、大阪の沖縄県人会の人たちの「沖縄の問いつめるもの」の削除要求に加担しなければならなかったか、ということが問題となる。わたしは、この沖縄出身の議員クラブの人たちの思想について、過大な幻想を持っているわけではない。しかし、議員たちがこれまで身をもって多くの人たちに示してきた「差別否定」の論理を、このようにものの見事に歪曲してみせるには、なんらかの大きな根拠やあるいは要因がなくてはならないだろうと考える。そうでないのであれば、戦後の抑圧の歴史のなかで、示されたあの「差別否定」の論理があれだけの影響力を持ち、歴史の先端にたちうる筈がない。とするならば、彼らの提示してきた「差別否定」の論理、あるいは「民主々義」の理念に、どこか欠落したものがあり、それが大阪県人会の人たちの要求によって露呈されたものだ、と考えられるのである。そしてそれが、こういう彼らの「民主々義」の理念に対する歪曲というかたちをとらせたにちがいない、といえるだろう。おそらく、それはこの「同胞意識」あるいは「沖縄人意識」の問題であり、この問題は、議員クラブの人たちばかりでなく、沖縄に住むわれわれにも深く影をおとしているにちがいないと思われるし、これを肯定するにせよ、あるいは否定するにせよ、根源的なところで対象化し、「民主々義」の理念との脈絡のなかで正しく位置づけることが、この際、最も切実な課題となっているというべきであろう。

もし、そうしないのであれば、今度の副読本「にんげん」の使用禁止を要求した問題にあらわれているような、沖縄に加えられる「差別」ならば否定するが、沖縄以外のたとえば部落や朝鮮のうける差別ならば、それには関与しないという態度、あるいは沖縄さえ差別されなければ、あとはどうでもかまわないというような意識、そこから生ずる「教科書に使われると国民に沖縄を部落、朝鮮人みたいなイメージを与える」というような「逆差別」をくりかえし発生せしめかねないと思われるのだ。

その意味で、今度の事件にあらわれている大阪沖縄県人会の人たちの意識の内実、あるいは、それがたとえ「民主主義」の理念に反し、自らのこれまでの主張を否定するものであるとしても、ほかならぬ沖縄の同胞（ウチナーンチュ）からの要求であれば、それをあえて行うところの沖縄議員クラブの人たちを支配しているところのその「沖縄人意識」を対象化することによって、沖縄の戦後がもちえたところの理念の欠落している部分を補完しなければならないだろうと思うのである。

（三）

ところで、それではその〝沖縄人意識〟というのは何であるか、ということが問題となる。このことについて、わたしは深い理解をもっているわけではなく、それを科学的な根拠にもとづいて論理化しうるものを持っているわけではないが、たまたま身近かに出合った体験などを通して、折にふれて感じたことなどを記して、問題を提起したい、と思う。

友人のH君の体験談であるが、福島県出身の友人と一夜、新宿の沖縄料理店に出かけたとき、沖縄出身の人たちが泡盛をくみかわしながら民謡を賑やかに合唱しているのをみて、その友人はH君に次のような感想をもらしたという。言葉は正確ではないけれどもほぼこのような内容のものであった。

「こんなふうに、沖縄の人たちがにぎやかに飲んだり歌ったりしているのをみると、うらやましくもなるし、また一面ではしゃくにもさわる。ぼくたちには、そんなふうなつながりは、もう失われてしまっている」というようなことであったという。その友人の言葉は、彼が東京に住む一人の知識人であるために失ったものであるか、あるいは彼の郷里の人たちも含めて、全て失われてしまったものであるか、はっきりしない。しかしこの言葉のなかに、東京に住む沖縄出身者の人たちのひとつのありかた、それに対する他県の人たちのある種の羨望をみることができるように思うのである。

ところで、それでは、彼の羨望したその沖縄の人たちの意識とは何であるかがまず問われなければならないだろう。泡盛屋に集まって、一杯の泡盛をくみかわしながら、民謡に声をあわせて、一面識もなかった人たちが沖縄の出身であることによって急速に親しみを持ちそこに結びつきを確かめ合う、そういう意識を支えているものは何であるか、が問題となるだろう。

これはまた別の機会であったが、わたしがやはり二三の友人と泡盛屋に出かけて飲んでいるとき、学生らしい三四人連れの人たちが盛んに沖縄問題について論じていた。すると五十年輩の紳士が、自分は沖縄出身で長いこと東京に住んでいるものだがと自己紹介をしたうえで、社会党が沖縄の売春の問題をとりあげて何か言っているが、沖縄にはたしかに多勢の売春婦がいるけれども、その中には沖縄の人はひとりもいない、みんな奄美大島の出身者で、沖縄の女性はみもちがよいから、決して売春婦にはならないのだ、というようなことを盛んに説いているのに出合ったことがある。

この紳士の言葉には、よく指摘される沖縄の中での差別意識が明確に出ていて、それはそれとして大きな問題であるけれども、ここでわたしが問題にしたいのは、そういう紳士が、沖縄の恥部として売春の問題を考え、事実の歪曲を意識的にか無意識的にか犯してまで沖縄の名誉（?）をまもろうとした、その意識である。この意識は、さきにとりあげた大阪の沖縄県人会の人たちの意識と本質的にかわらないと考えるが、こういう沖縄出身の人たちを支配している強靭なもの、しかもそれが外的に規制されたものというより、内面化されたものとしてまぎれもなく存在している意識の実体は何であるか、ということである。

この意識はおそらく、一種の共同体的意識だといえるだろう。本土の学生たちに対して沖縄の名誉(?)を護り、見も知らぬ人たちを内的に結びつけてしまうその力は、ひとりひとりを内的に規定しているところの沖縄に帰属している、という意識であろう、と考える。

沖縄人意識というのは、沖縄という土地に生れ育ち、そしてその中で生活や文化を内面化したところで強烈に保持していて、日常の生活までそれによって規定されている人間の持つ意識であり、そういう〝沖縄〟という共同体に帰属する人間の意識の〝共同的性格〟が沖縄人意識だろうと考えられる。

そして、そういう意識に深く規定された人間が、他のそれとは〝異質〟の文化や生活に接したとき、強く〝異質感〟を感得すると同時にそれによって〝沖縄人意識〟は一層強烈に感得されるにちがいない。東京という異質の文化と生活を持つ地域に住んで、そこに自己とは異質の文化や生活を実感せざるをえないことが沖縄人意識を更に高めると考えられる。

言葉をかえていえば、沖縄人意識というのは、内面化された生活・文化によって規定された人間のもつところの意識の〝共同的性格〟であって、それは異質の生活や文化を所持する共同体と接触することによって、すなわち〝異質感〟によって強烈に確認されるところの意識で、それが「沖縄」という地域の生活や文化をその「共同性」の核としているところに特質がありはしないか、と考えるのである。

そして、この場合には「沖縄」という性格よりも、むしろ「異質の文化」との接解によって確認されるというところに問題があるので、沖縄内部で言えば「八重山」の人は「本島」の中で異質なものにふれて「八重山」が確認され、同じ人間が「本土」においては「沖縄」であることが確認される、というように、その帰属するという意識の核《コア》は同心円ふうに拡大されるという傾向をもつ。そしてそれはいずれも「異質」のものとの接触・衝突によって確認されるのである。

ところで、もしそうだとするならば、その帰属意識の核《コア》は更に拡大されて、いわゆる「日本人意識」としてあらわれる意識と本質的に共通するものとも考えられよう。つまり、沖縄の人間であるわれわれが、大阪や東京で異質の文化に接して実感的に喚起される〝沖縄人意識〟と、たとえば江藤淳などが、アメリカに出て、異質の文化に接することで、まぎれもなく自分が日本人であること、日本という国に帰属するところの人間であることを確認したという場合の〝日本人意識〟とどのように異なるか、ということが問題となるだろうと思う。それでは沖縄の人たちが外国に行ったときの日本人意識と沖縄人意識がどのようにかかわるか、ということも問題となるかも知れない。その点ははっきりしたことは言えないが、かつてブラジルで太平洋戦争後、勝ち組、負け組で争ったことがあり、そのなかで、沖縄出身者が活躍したということをきいたが、それが事実だとすれば、沖縄出身者といえども「日本人意識」から自由ではないと考えられる。そこでは、生活や文化のうえで質的な差異の大きいものに対して、その差異の小さいものの方に自己を帰属させる、という意識があるのではないか、と考えられるのである。

そのことと関連していえば、最近、沖縄で広く支持される理論として「異族の論理」があるが、ここで改めてその「異族性」は再び検討される必要がある、という気がする。その考え方は、新川明によれば、

「沖縄人が日本（人）に対して根強く持ちつづける『差意識』を、日本と等質化をねがう日本志向の『復帰』思想を根底のところから打ち砕き得る沖縄土着の強靭な思想的可能性を秘めた豊饒な土壌」

としてとらえ、

「この土壌を丹念に耕し、掘り起こすことによって、そこに反ヤマトゥ＝反国家の強固な保塁を築き」それによって、日本志向の『『復帰』思想を破砕しよう」という論理である（「非国民の思想と論理」「沖縄の思想」木耳社刊所収）。

新川氏のこの思想的モティフにはわたしも強く共感するものであり、また沖縄の近・現代の歴史の歪みを、日本志向に求めようとするその視点の確かさについても、高く評価したい。しかし、それだけに、沖縄の人間

のもつ意識、あるいはその「異質感」については、もっと広く深く検討を加えなければならない。さきに述べた、例でみるように、この異質感は、「本土」に対しては効果を持つかも知れないが、その他のアメリカや、中国に対するより大きな異質感とむき合うとき、あるいは最も大きな「日本人意識」をつくりあげる拠点となりかねないと考えられるからである。こういう検証をぬきにして、〝異族論はわれわれのよるべき唯一の拠点である〟と断言されることには、わたしはやはり異和感を禁じえないのである。

問題をさきに戻していえば、そのような〝異質感〟が逆に「差別」をうみだす拠点となっているかも知れないという気がするのである。部落が差別されるのは、部落に対する〝偏見〟が大きく影響していることは否めないが、またその〝偏見〟を支えているのは、その〝異質感〟ではないかという気もする。つまり、部落の文化や生活に対する異質感が偏見を保証し、それが〝差別〟をうみだしていくといえよう。

ところで、ことわっておきたいが、その〝異質感〟は〝偏見〟をうみだし〝差別〟をつくりだすけれども、それ自体として〝差別〟とはならないのであり、かりに異質感がなくなったとしても〝差別〟は形成されるし、異質感が存在してもそれが必らずしも〝差別〟をつくりだすとは限らないということである。問題はしたがって、そのような〝異質感〟の存在を利用して〝偏見〟をうえつけ、〝差別〟をつくりだすものがある、ということである。さらにいえば、そういう〝差別〟の生ずる唯一の根拠を〝異質感〟の存在に求め、生活や文化の実質を変質させることによって〝異質感〟を解消し、〝差別〟からまぬがれようとする「日本同質化」の志向にあった、というべきである。〝差別〟の生ずる根拠を階級的な支配による「社会構造」に求めえなかったところに、問題はあった。

その意味で、〝異質感〟を根拠に偏見と差別を強行しようとする支配に対して、〝異質感〟の存在を積極的肯定的に突出させることは、ある程度の効果は持ちえても、決定的なものとはなりえない。むしろ、さらに大きな〝異質感〟を根拠に〝日本人意識〟をかきたてることで新たな対外進出を企図するものに、それは容易に吸収されかねない、という気がする。またその点では、たとえば大城立裕が、沖縄の歴史教育の必要を強調し、それによって自信をつけ劣等感を克服しなければならないというのも、一定の効果はあるにしても、結局は問題を終局的に解決するものとはなりえないという気がする。集団就職の青少年に劣等感を抱かせないのが目的であるならば、むしろ個人的にすぐれた技能を持たせることがはや道だというべきだろう。沖縄の歴史を学んだところで、あるいはそれに誇りを持ちえたところで、それは個人的に抱くところの劣等感の克服にはそれほど役に立つとは考えられない。しかしむろんそれは歴史教育についての否定ではない。〝劣等感〟というのは、多く個人的な意識なので、その克服は個人的にしか解決されないというべきである。また、その劣等感の克服を差別の問題と結びつけて考えるならば、それはやはり当を得ていない。「差別」の問題はやはり、「社会構造」の問題であるという視点を保持しないかぎり、真の解決は期待できないというべきである。

（四）

これまでわたしは、〝沖縄人意識〟と〝差別〟の問題について述べてきた。くりかえしていえばわたしは〝沖縄人意識〟というのは、同質の文化や生活を内面的に共有する人間の結びつき、沖縄ならば沖縄というものを結びつきの核として、同じ沖縄に帰属しているという意識の〝共同的性格〟ではないかと考える。そして、それは他の〝異質〟の文化や生活との接触によって喚起される〝共同的性格〟ではないか、と考えるのである。そして、その〝異質感〟はさきのH君の体験にも示されるように、東京で沖縄の人たちが感ずるだけでなく、また沖縄の人たちに東京の人たちの感ずる〝異質感〟もある。そして、その〝異質感〟は〝偏見〟をうみだし〝差別〟をつくりだす根拠ともなりうる、という性格をも持っているのである。したがって問題は〝異質感〟は〝差別〟をうみだすひとつの根拠ではあっても、それがそのまま〝差別〟とは結びつかないのであって、それをそのまま〝差別〟の絶対的な根拠であると考え、それを否定するために自己放棄をこころみる、新川氏の言う〝日本同化の思想〟にこそひそんでいる、と考えるのである。

そこで、わたしの気になるのは、沖縄の人たちが戦後獲得した筈の「民主々義」の理念が、そのような〝差別〟をとらえるとらえ方に基本的に何の影響もあたえなかったかにみえることである。〝沖縄人意識〟を強烈に自覚させる〝異質感〟が、逆に「民主々義」の理念を腐蝕させているかにみえるところに、問題がありはしないか、と考えるのである。

今度の副読本「にんげん」の問題で、沖縄議員クラブの人たちが、部落と沖縄についての〝差別〟の相違を〝質的〟なものであるとして〝異民族支配〟の問題をそこに持ち出していることに、それをみることができる。「民主々義」の理念でいうならば、それは同胞の問題であろうと〝異民族〟の問題であろうと、〝質的〟にはなんの相違も存在しない。にもかかわらずそこに〝質的〟な相違をみるところに、根の深い問題がひそんでいるといえるだろう。同じ〝差別〟が〝異民族〟による場合にはより強烈に意識され、〝異質感〟のそれほど強くないものによる場合には、その〝差別〟もそれほど強く感じられない、というところに無視しがたいものがある。これは同時に、〝異質感〟を強烈に意識される「本土」による差別は強く意識されるが、沖縄内部における〝差別〟は案外自覚されないということにつながるのではないだろうか。

もし、そうだとするならば、ここであらためて、このような〝共同体意識〟と「民主々義」の理念のかかわりを、本質的なところで掘り起こし検討しなければならないと考える。

さきに、新川明の言葉をひいて、沖縄の近・現代の歴史の歪みを、沖縄の特質を否定して日本と同質化しようとするところに求めている、と述べ、わたしも基本的に賛成であることを述べた。しかし、新川氏とわたしが若干の意見の相違を持つのは、新川氏が「日本同質化」あるいは「本土志向」としたものについて、わたしは、それを「中央同質化」と考えている点にある。わたしは、「本土」あるいは「祖国」などというイメージの中心にあるのは「中央」(文化・乃至生活の高度に達成されている地域)と実感されるものではないか、青森も、宮崎もそこでは「中央」に収斂されて、それらを漠然と「本土」としているのではあるまいか、そしてその基盤となっているのは、先にくりかえしあげた〝異質感〟にほかならないのではないか、と考えている。

そして、多分、それは沖縄に限らず「本土」の各地にみられるものであり、そういう「中央」に対する意識を基盤に、日本の強力な、「中央集権体制」というのが支えられているのではないかと考えている。明治以後の日本の〝中央集権〟がおしすすめられる過程で、日本の各地方は、沖縄と同じように、自己の持つ特質を自己否定し、中央同質化の志向を強めてきたのではないか、というような気がする。それにもとづいて日本の近代は、強力な中央集権を実現し、いわゆる〝過度に緊張し、硬直した近代〟を形成することになった。

本来、近代の中心となるものは、個人主義であり、政治制度としては〝デモクラシー〟にもとづく代議制を特色としている。が、日本の近代は、その〝デモクラシー〟の理念をきわめて歪曲したところのかたちだけのものとしてしか保持することはなかった。ところが、太平洋戦後、そのような日本の近代に対する批判が生じ、「デモクラシー」の理念が強調されることになった。しかし、その「デモクラシー」の理念は「民主々義」という名で呼ばれ、国家主権に対する〝国民主権〟というように解された。そこでは、北海道も九州も「国民」としてひとしなみに扱われ、人間をその生活と文化を担って生きる具体的な存在としてとらえるのではなく、抽象的な〝個人〟としてとらえることになった。その結果、その地域の持つ独自な性格は捨象され、いわば〝ノッペラボー〟に把握されることになった。

しかし、実際に、〝個人主義〟というのが、〝個人〟の持つ独自な性格を基本としてそれをふまえて成立するものであるように、地方も、当然その独自な性格を積極的に肯定され、それをふまえたかたちで政治的には問題の解決ははかられなければならない。「デモクラシー」というのは、そのようなそれぞれの特性をふまえて、それを積極的に突出させることによって、現実化されるというべきであろう。

北村透谷は、「国民と思想」という一文のなかで、尊重すべきものとして、「インヂビジュアリズム」と「デモクラシー」をあげている。そして、「インヂビジュアリズム」を「個人制」とし、「デモクラシー」を「共和制」と規定した。ところが日本の近代は、そのデモクラシーの理念を否定するところに、さらに戦後民主々義は「共和制」の視点を欠落するところに、その存在の主張を図ったのである。

最近は「地方自治の拡充」ということで、その理念を補完しようとする考え方があるけれども、それが「地方」自治である限り、中央に対置され従属するものとしての位置を脱しえないであろう。その意味で、個人がその特質を保持するがゆえに個人としてその存在の価値を主張し、その為に価値的な相違を認めていないように、地方もその独自の存在のゆえに当然その価値を主張しうるものであり、その根拠として「共和制」を内実とするところの「デモクラシー」の理念が掘り起こされることが必要であろう。

また、その「デモクラシー」を政治的に保証するものとして、現在は「代議制」が前提とされているが、その「代議制」は、あくまで「直接民主々義」が現実に障害をうけたときにのみ機能する補完物であって、それが自己目的化され物神化されたところに、現在「デモクラシー」の形骸化を招く原因があるといえよう。戦後の沖縄において「民主々義」がまがりなりにも現実化されたのは、たとえば教公二法の闘争などにみられるような、大衆の要が即自的に支配へとむけられたいわゆる直接民主々義的な闘争が展開された地点においてであることは、充分に注目されなければならない。

さきに述べたように、「沖縄人意識」というのは、同質の文化と生活を内的に共有する人々が、それを核として結びつくところの意識であり、それは異質の文化との接触による「異質感」によって喚起される意識の共同的性格であると考えられるが、この「異質感」の相違によって、接触する他の共同体の価値を判断したり、あるいは、それによって「自・他」を区別して「差別」を形成するところに問題はひそんでいるように思われる。

そして、戦後獲得した「民主々義」が、そのような「共同体的性格」を充分に止揚しえずに終ったところに、たとえば今度の議員クラブの人たちの行為の根拠があったというべきだろう。その意味で、われわれはふたたび「デモクラシー」の理念をその内実にそって再検討し、われわれの沖縄の戦後が「民主々義」を実現するために行ったさまざまな運動の理念と内実を検証することを通して、沖縄の自立を問い直すことが必要だと思われる。

そのためには、さまざまなこころみが、あらゆる面で行われなければならないが、その中でもとりわけ、沖縄の人たちを内的に規制している意識の共同的性格、その「核」を、さらに検討することが必要ではないかと考えている。それは多分、「おもろ」などにあらわれた「古代人」の意識の分析などによって可能となるであろう。そしてまた具体的には、「異質感」を価値的な判断と結びつけ、自他の区別によって「差別」を形成する意識のありかたをそれ自体として克服するためのあらゆるこころみがなされなければならないだろう。そのことは、とくに教育の現場において要求されていると考えるのである。

（いけざわ・そう、琉球大学助教授）

比屋根 照夫

ひやね・てるお　１９３９年生まれ。６歳まで名古屋市で育つ。コザ高校卒、琉球大学卒、東京教育大学大学院博士課程修了。琉球大学名誉教授（日本近代政治思想史）。主な著書に『近代日本と伊波普猷』『自由民権思想と沖縄』『戦後沖縄の精神と思想』など。

脱亜の論理と内地化の論理
―福沢諭吉の沖縄像をめぐって―

比屋根　照夫

（一）問題の視角

一九七〇年十二月の深夜、コザで勃発した民衆蜂起は、七二年復帰を控えた沖縄の思想潮流を二つながらに浮彫りにした。それは、さながらに国政参加運動へとどうとうと流入する奔流の如き潮流とともに、戦後二〇余年の復帰運動を荷った〝オールド・ミリタント〟が次々と議会の壇上へと消え去った舞台の暗転の中で企行された民衆蜂起であった。

深夜の路地裏の暗がりから街路へとはやての如くかけめぐり、（米人ナンバー車を）次々と襲げき、放火し、民衆の怨念を爆破させた深夜の蜂起は、組織の実体も指導者も存在しない、まさしく〝幻のコンミューン〟であった。

この二つの潮流を解析すれば、一方に制度化された政治機構の中で復帰運動の原理、理念を貫徹反映せしめようとする一連の方向があり、他は一面制度外に立ったそれゆえにアモルフで、ラディカルな思想感情の爆発があったと言えよう。

この二つの思想潮流の極点をこのように把握しようとする時、この二潮流を相連関、相貫流するものとして把握する証言を私はたやすく信頼しない。七二年復帰を控え、これ以降、巨大なスケールで次々と打ち出されて来る上からの制度化の論理が、本来、人間の自立した精神にもとづき下から創出されるべき制度への原基的認識を抹殺している点にその危険性があり、同時に、運動総体を制度のワク内外へと分断、支配する所にその陥穽があることは最早言うまでもない。

語の本来の意味に於ける人間の思想と行動とは、内的思惟と外廷的行動のと不断の連続性に存立する所にあり、それゆえに自己の内的思惟を包摂し得ない制度の存立に自らを仮託し得ないものとして〝ノン〟を叫ぶことはすぐれて人間存在に係る問題であり、それ以外の何物でもない。近代国家形成に於ける制度と人間の深遠な命題は、実にここに根源を発すると言い得るであろう。

私がしかく問題を設定するのは、下からの制度創出、参加の営為が制度と人間に内在する前述の固有にして、本質的な命題の省察を抜きに、既成の制度へと転換するならば、再び近代沖縄に顕著にみられる〝制度的一体化〟、〝制度的内地化〟の精神的荒廃を招来するであろうことの危惧に発する。

沖縄の運動と未来への安易なオプティミズムとペシミズムとを相ともに排する強靭なる精神の革命と覚醒のみが、迫りくる疾風怒濤の時代に耐えうるとせねばならぬ。

(二)〝日本の西洋化と沖縄の内地化〟——福沢の沖縄像——

さて、私は本論に帰えらなければならぬ。私は昨年八月「朝日ジャーナル」夏季合併増大号に於いて原題「近代沖縄に於ける精神形成」(発表論題「沖縄が帰えるべき〝祖国〟は実在しない——近代沖縄に於ける精神形成をかえりみて——」)と題する論稿を発表し、その中で中江兆民、植木枝盛らのアジアと沖縄にかかわる姿勢を論及した。ここでは、前論稿の中江、植木らに加えて近代日本に於ける一人の思想家の沖縄とアジアへのかかわり方を論究する中で、前論稿を捕捉し更に本論稿の問題の所在へと還流しようと思う。

その一人の思想家とは福沢諭吉である。なぜここで福沢をとり上げるかと言えば、この思想家のアジアと沖縄にかかわる姿勢の中に、今日、あらゆる場面で論及されている〝既成体制への制度的一体化〟、私なりの表現にしたがえば〝制度的内地化〟の問題があます所なく語られているからである。

近代日本の朝野をつらぬいて顕著なるものは、沖縄を如何に一体化し、〝内地〟化するかにあったと言える。還言せば、〝文明〟と〝開進〟をシンボルとして遅れた〝固陋〟の沖縄をどのようにして進んだ〝文明〟、〝開進〟の域に進ましめるか—と言う命題である。このような命題を最も端的に表明し、且つ対清強硬外交の中で精力的に追求した思想家として、私は福沢諭吉をその筆頭に上げなければならないと考えている。

以下、福沢諭吉全集（岩波出版）に収録された「時事新報」を中心に、対清強硬外交論に於ける福沢の朝鮮、中国論を視野に入れながら福沢の沖縄イメージを追跡しつつ前述の問題に迫まることとしよう。引用に際しては福沢諭吉全集を「全集」と略称する。なお、引用文中の旧漢字は紙面の都合により当用漢字にできる限り統一した。

明治十年代の朝野をつらぬいて沸然として湧き上る朝鮮をめぐる対清強硬外交論の渦中にいて福沢は、自らの対清強硬論を唱導し、「琉球と朝鮮を附会」し明治政府が琉球藩を廃したことにつき「琉球国の疆土（きょうど）を呑食したるもの」と述べる中国の北洋通商大臣李鴻章の態度を痛烈に批判し明治十五年、次のように述べるが、ここにはしなくも福沢自らの琉球処分観が鮮明に表明されている。

「李鴻章君の書中、我日本人が其詐力を持て鯨呑蚕食、遂に朝鮮をも滅し台湾島をも取らんとする深意は、琉球廃藩の一事を以て其端倪を露はしたりと云えり。是亦甚しき臆測ならずや。我日本は十五年前政府を一新して百事旧套を改め、七百年来の将軍政治を変じて三百藩の封建諸侯を廃し、琉球島も古来我一諸侯たる薩摩藩の附属たりしかども本藩既に廃して独り其附属のみ存す可きに非ざれば、国中一般の例に従って廃藩の命を下だしたるのみ。」(『全集8、支那国論に質問する』)

琉球処分をこのように近代国家に於ける国家主権の排他的行使として正当化する福沢にとって、同時に琉球処分は百事旧套を改め、国中一般の例にしたがい、「国中唯一藩を遺すの姿」を呈す琉球への「中央政府施策の不都合」を解消する対内政策の発露であり、中国の主張する如き対外侵略ではなく、いわんや台湾出兵の如き「我国民の権理を保護するの一大義を守り…唯名義の運動」であるとする。西洋列強のアジア侵出という対外的危機意識の中で、列強に対決し、自国の軍事力の増強を達成しつつ、「西洋の近代文明を我東洋」に伝播させ、「東洋に文明の魁」をなした近代日本にとって、朝鮮、琉球をめぐる中国の態度は「頑冥固陋の非を遂げんとする我意」の発現として受けとられる。かように琉球処分をもって百事旧套を改新し、国中一般の例にしたがう文明の波及とする福沢は、明治十六年「外交論」を展開するが、その中で西洋諸国と日本、日本と琉球の興味深い対比が述べられている。福沢の「外交論」は、前述の如く帝国主義列強のアジア侵出と言う目前の切迫した危機を如実に反映し、その冒頭は弱肉強食の冷厳な権力の論理の貫徹する国際情勢の中で、一国のたのむところは「獣力」のみと断言して以下のように述べる。

「古来世界の各国相対峙して相貧るの状は禽獣相接して相食むものに異ならず。…此点より見れば我日本国も禽獣中の一国にして、時として他に食まるる歟、又自ら奮て他を食む歟、到底我れも彼れも恃む所のものは獣力あるのみ。」(『全集9、外交論』)

かような国際認識は、西洋列強のアジア侵出は「数百年来今日に至て欧洲内地の競争は既に極点に達し…今後財利のために眼を着る所は特に亜細亜洲に在る如し」（右同）と言う認識へと到達せしめる。ここで福沢は、西洋のアジア侵出の背景にある充実した国力、すなわち「文明の利器」の活用による軍事力、経済力の飛躍的な発展をとりあげ、この「文明の利器」（蒸気電気の利用！）の活用こそが、力による国際関係、すなわち「其間接の後楯には兵力を用ゐ、一旦の機に逢ふときは他国を蹂躙するも敢て憚る色なし」とする国際関係の有力な背景となると述べるのである。したがって、福沢は日本がこのような「近代文明の利器」をいち早く導入し西洋と対峙しうる「亜細亜の東辺に純然たる一新西洋国を出現」せしめよ！と説く。

「…今我日本人にして近代の利器を利用して西洋の人と竝立し、相互に文明の先を争ふて、啻に彼等に食まれざるのみか、時機に臨ては彼等と共に他を食み他を狩るの勢を成さんとするには、先づ我古俗旧慣を一変し、政事法律教育の大体より社会日常に至るまでも、之を改めて大なる差支を見ざる限りは勉めて西洋の風に倣ひ、亜細亜の東辺に純然たる一新西洋国を出現する程の大英断あるに非ざれば迚もこの目的を達するに足らず。」（「右同」傍点筆者）

遅れた日本の〝西洋化〟—しかく「古俗旧慣」を脱却するには、日本の政治、教育の主要部分を、あるいは社会日常生活の主要部分を差しつかえない限り「西洋の風に倣え」と言う強固なる主張であり、それのみが〝近代文明の利器〟を受容しうる基盤を創出するものと述べる。

さてこのようにして、西洋と日本を把握した福沢は、本小論の本質に係わる日本対琉球の〝文明〟考察へと進む。〝先進〟の西洋と〝後進〟の日本の図式的対比を最も端的に示す実例として福沢は、ここで日本と琉球の対比からアナロジーする。

福沢は、ここで「文明の利器」を封建時代に於ける「剣」にたとえ、「剣」に象徴される「武器の製作」について両者の歴史発展の相異に着目、以下のように論究する。

「我封建尚武の世に在ては名剣を鋳冶する者多かりき。而して其剣の出でて之を巧に用いる人物は必ず日本内地に生じて、且て蝦夷の地方又は琉球国に出たるを聞かざるは何ぞや。」（右同）と説いかけ、日本の封建社会は全く武をもってその社会構成の基本とし、政治も教育も尚武を基礎にし、工業商売に至るまで「武に導かれて運動する程の有様」（右同）である。

このように「尚武」を社会構成の最上部に存置する封建社会の構造は「全国一般の気風」（右同）をも「武の一偏に化」（右同）さしめ、そこに封建社会に於ける「武器」（剣）創出の政治的社会的基盤がありとして、「武辺の利害たる名剣も又これを利用する武芸の達人も、此武風の中から生じたるものなり」（右同）と断言する。それならば「蝦夷、琉球」はどうなのか。

「蝦夷琉球の如きは則ち然らず。其社会の空風《ママ》（気）、武ならざるが故に、武器の製作も発明する者もなく又これを取扱ふ武士も出でざるなり。若しも蝦夷琉球の人民をして武器を利用して日本内地の武士と竝立し、相互の武辺の功名を争はしめんとするには、先づ其古俗旧慣を一変して、政治教育の大体より日常衣食住の細事に至るまでも之を改めて大なる差支なき部分は勉めて内地の風に倣ひ蝦夷琉球の両地方に純然たる尚武の新日本国を出現する程の大英断を以て、始めて目的を達すべきなり。」（傍点筆者）

日本の西洋化（「西洋の風」！）、沖縄の日本「内地」化（「内地の風」！）――なんと言うあざやかなコントラストであろうか。

ここで例証される日本「内地」一般と「蝦夷琉球」の対比に於いて、福沢が敢えて「封建尚武」と留保を加えれば加えるほどそれ以降の歴史過程に照して、この例証が沖縄近代の未来と情況に即応する先取り的な予言として我々に重く迫ってくるではないか。

すなわち、福沢のこの発言を、彼自らが明治十六年代の国際認識にもとづき論究する、「外交論」のコンテキストに於ける西洋対日本のマクロ的対比の次元に溶解させず、敢えて、日本「内地」対沖縄と言うミクロ的対比の次元に固執する我々の視点から逆流し、踏み込むならば、以下のような帰結は自明のものとなるであろう。

福沢的意味に於いて、「封建尚武の世」の歴史的社会的差異が例証の如きものであるならば、明治十二年の琉球処分（廃藩置県）の断行に見る如く近代国家形成という決定的な歴史段階に十年余も遅れて参加した近代沖縄が、そこに於いて「封建尚武の世」に見る以上の決定的差異を政治的社会的に重く継承するという帰結は論理必然の命題となる。なぜならば、すでに前年の明治十五年の論説で引用した如く、明治十二年代の琉球は「国中唯一藩を遣すの姿」であり、このことはまた「中央政府施策の不都合」をなすものと述べたのは、福沢自らであったからであったからである。

このように福沢の発言を把握する時、「其古俗奮慣を一変して、政事教育の大体より日常衣食住の細事に至るまでも、之を改めて大なる差支なき部分は勉めて内地の風に倣ひ」と言う福沢の発言は「封建の世」を越えて近代沖縄の歴史過程を貫流する重要な発言となる。

（三）〝脱亜の過程と内地化の過程〟—福沢に於ける〝アジアと沖縄〟—

「同時に日本の西洋化と言う志向の背後には前述した如く、西洋列強に対峙する強烈な国権論的主張があり、この「外交論」に於いて展開された対清強硬論は明治十年代後半の福沢に於けるアジア観の帰結として著名な「脱亜論」につながるものであった。

それ故に「脱亜論」へと連結する「外交論」と前後して論究される沖縄イメージは、「脱亜」の過程とパラレルに形成されたとする論拠がここに成立する。すなわち、アジアの「悪友」を切り捨て、西洋列強と肩を並べてアジア侵出（朝鮮支配、中国分割！）に参与せんと主張する「脱亜論」への過程は、前述した「外交論」に於ける沖縄を「内地」化せんとする過程とパラレルなものとして我々に把握される。したがって、〝脱亜の過程は内地化の過程〟―と言う近代沖縄にとっての重要な思想史的課題が福沢の論述の中から抽出されるであろう。そして、脱亜の論理と、内地化の論理は前者の論理が強まり頂点に達すれば一層後者の論理の強度が促進されると言う構造上の相互連関を保有するものとなる。

その論理的例証を明治十六年代の「外交論」以降の福沢の論理の中から見てゆくならば、そこに西洋列強に対峙して主張される「脱亜」の過程が、前述の中で福沢が暗示した「内地」化の過程と交錯し、相互連関していることが如実になるであろう。

「内地」化の過程は、同年に執筆し、「外交論」に先き立って発表された、「沖縄想像論」（「全集9」）と題する論説の中で沖縄の軍事的地位に着目する福沢の志向にあらわれる。福沢は、「沖縄想像論」に於いて「太平洋の孤島」である沖縄に英米仏などの外国船が緊急のために避難、薪・水・食物を求め寄港し、たとえば現地に「旧時の縁故」があって種々の交歓をなされることに想をめぐらしこのこと事体は「怪しき挙動」にはならぬが、仮にこの想像が英米仏以外の中国であるとすれば「我輩は安閑として之を不問に措く能はざるなり」と述べる。なぜ福沢がこのように断固たる姿勢で中国に向うかと言へば、「数年来、琉球問題とて支那人は沖縄地方の廃藩置県に付き何か不平の情を抱き、大に日本に向て訴る所のものありとて、或は亜国の人に依頼し又は独国の某氏に語る等、様々周旋したれども其甲斐もなく、又近日に至っては支那国不相応に兵備を修め、隠然思ふ所あるものの如し」と言う事情に其く。

このような事情の下に「支那人は必ず兵力を以て我に迫るならん」と言う説や支那政府は内情多事に忙殺され、外に兵を向けることは内の平和を危くするものであり、それゆえに「日本は先づ安心なり」とする反対説もある。福沢はこの両説いずれにも組しないが「聊か不安心の情なきを得ず」と述べる。ここで福沢が最もおそれたのは、中国が「旧時の縁故」(朝貢関係!)を政治的軍事的に利用して沖縄に侵出すると言う事態であり、だから「門戸の鎖鑰を等閑」にせず、「家を守るにも国を守るにも、外の事情を巧に測るよりも内の備を実に固くすること緊要なり」と述べる。沖縄に対する「門戸の鎖鑰」と言う軍事的認識が、前述の「外交論」に於ける弱肉強食の冷厳なる国際認識と連結しつつ、明治十九年、福沢は、「沖縄想像論」より以上に直さいな形で沖縄の軍事的価値に論及する。すでにこの前年の明治十八年、英国の巨文島占領、ロシアの朝鮮半島への侵出と言う切迫した国際情勢の中で福沢は、かの有名な「脱亜論」を公表し、アジアとの連帯を切り捨て、アジアの一員たる中国、朝鮮への蔑視と優越をないまぜにしつつ、西洋列強とともに、領土分割、支配の方向へと急角度に進む。福沢に於ける脱亜の主張が内地化の主張と見合うのは、内地化の主張の内実がまさしく脱亜の主張を反映する軍事的内地化の方向へと進むからなのである。

明治十九年、福沢の「宮古八重山を如何せん」(『全集11』)と題する論説はその方向を示唆するものであり、その中で沖縄の軍事的国防的地位に言及し「我輩が国の防禦即ち共自衛のために、夫れ是れと心配する箇条は一にして足らざれども、差向きの処にて最も掛念至極と申すは沖縄群島の一条」と指摘する。福沢はこの論説を草する前に沖縄踏査を行なった田代安定とじかに面談し、沖縄についての自己の認識を深めている。福沢の掛念とは沖縄群島の軍事的な無防備、なかんずく宮古、八重山諸島の無防備であった。

福沢はこれにつき次のように述べる。

「我沖縄県の管轄内に斯くも容易ならざる島々あるは、殖産の上より見るも軍略上の上より論ずるも我宝物にして、即ち日本国の身代なれば、此身代を守るには其価相応の兵備なかる可らず。如何となれば国の身代を守る兵備の要用なるは、家を守るの戸締に同様なればなり。聞く所に依れば宮古八重山には唯数人の県吏あるのみにして、防禦の用意とても甚だ手薄き事なるよし。不安心なる次第ならずや。我輩の説を云へば沖縄県全体の計画に付き、所望の箇条は随分少なからざれども、今日の場合に迫まりては何は偖置き八重山の港に軍艦を繋ぐか、又は陸上に兵隊を屯せしめ、八重山より宮古沖縄を経て鹿児島に電信を通じ、軍艦をして常に其近海を巡廻せしむること至急の急要なるべし。英人などは、海軍のため要害の地とあれば、萬里の外、朝鮮の巨文島をさへ不遠慮に押領したり。」

ここで示唆される内地化の主張は、殖産上、軍略上の我宝物たる宮古、八重山諸島を守る兵備の要用であり、今日の如き急迫の事態に於いては、沖縄県全体の計画はさて置き軍事的、国防的観点から軍艦を置き、軍隊を駐屯せしめるとの方向であり、日本内地の軍事的強化の一還をになう方向である。日本の〝軍事的〟西洋化を説き、沖縄の日本「内地」化を暗示した前述のコントラストをここで想起するならば、ここで言う内地化の方向がより鮮明なものとなる。すなわち、内地化の主張が急迫した国際的環境の下で進む時、当然のことながら他の一切の領域、政治、教育、社会の改革を放置（旧慣存置主義を想起せよ！）したままの軍事的優位性が貫徹されるのである。

このような軍事的内地化の主張は、朝鮮をめぐる日清の軍事的対決が焦眉の課題として迫まるにつれて「北門の鎖鑰」北海道に対し、西門の隠岐対島―朝鮮、南門の沖縄と言う具合に軍事上の防禦線に明確に位置づけられる。宮古、八重山諸島の軍事的位置を換起した翌明治二十年、「朝鮮は日本の藩屏なり」（「全集11」）と題する論説の中で、福沢は北門の鎮論に対すると同様の関心を西南門へ寄せるべきと主張する。

「日本人が西南地方に意を用ひざりしは一日の事にあらず。北門の鎖鑰などと唱へて、北海道本島は勿論、元の日本領今の露領樺太島辺までも、経世家の注意を惹きしこと一方ならず。…独り西南地方の事に関しては心配する所甚だ薄く、隠岐対島以南八重山宮古以北の海上、煙波永く静穏にして憂ふるに足らざるものなりと断定して、且て疑を容れざりしものの如し。世間に西門又は南門の鎖鑰などといふ常用語のなきを見ても其概状を窺ひ知るべし。」

しかるに、世界の情勢は日本人が想像するものとは異り、仏の安南押領と中国南境への肉迫、イギリスの朝鮮領巨文島横奪と極東への侵出、ロシアによる浦潮港以南の海軍港占領の意向、日耳曼の支那日本海に於ける新領地獲得の意向、支那の「朝鮮を併せ琉球を云々せんとする」意向等々―国際情勢の緊迫の度は日々高まり「近来日本西南海の風浪の穏やかならざる、廿年来未だ且って開かざる」の情勢である！この国際情勢の進行下に於いて確立さるべき防禦線とは何か。日本本土を中心に同心円的に拡大する防禦線の確立―この構想は、福沢自ら述べる如く、「日本国内の一部にのみ限らざること」であり、「遠く日本島外の地まで防禦線を張り、早くも日本島外の地に於て敵の侵入を喰留むる工風」、すなわち、国内防禦線と国外防禦線の相互連携と二重防備である。それ故に、日本本土を基軸にして同心円的に拡大連結される国内防禦線とその最先端に位置する国外防禦線としての朝鮮は「今日日本島を守るに当りて最近の防禦線を定むべきの地は必ず朝鮮地方たるべきや疑を容れず。若し朝鮮地方にして一旦敵の拠る所とならんか、日本の不利益実に容易ならず」と切迫した認識へとつながる。かくてここに構想される北海道―隠岐対島―琉球をつらぬく国内防禦線とその最先端に位置する国外防禦線朝鮮の確保―この相互連携と二重防備の国内外防禦構想の中で沖縄の軍事的内地化は完結した。そして、ここで比喩的な表現が許るされるならば、敷設された脱亜のコースと内地化のコースを明治政府がいかに驀進するかにかかる。そしてこの比喩を歴史のコースに照してみれば、福沢の先取り的コースは日清の軍事的対決をみる中で達成されたと言いうるであろう。

日清の軍事的対決を控えた明治二十三年、第一回帝国議会にのぞんだ総理大臣山県有朋がこれも又有名な日本の「主権線」と「利益線」につき、施政方針演説の中で言及する時、そこに福沢の論理と密接した軍事思想の展開をみる。

「蓋国家独立自衛ノ道ニ二道アリ、第一ニ主権線ヲ主護スルコト、第二ハ利益線ヲ保護スルコトデアル、其主権線トハ国ノ疆域ヲ謂ヒ、利益線トハ其主権線ノ安危ニ、密着ノ関係アル区域ヲ申シタノデアル、凡国トシテ主権線、及利益線ヲ保タヌ国ハ御座リマセヌ、方今列国ノ間ニ介立シテ一国ノ独立ヲ維持スルニハ、独主権線ヲ守禦スルノミニテハ、決シテ十分トハ申サレマセヌ、必ズ亦利益線ヲ保護致サナクテハナラヌコトト存ジマス」

（「山県有朋 意見書」）

福沢が主張する日本の防禦線構想に於いて、北海道―隠岐対島―琉球の国内防禦線とこれと相互連携しつつ日本列島を守るにあたりて定むべき国外防禦線を朝鮮の確保に見い出す時、ここに山県の軍事思想と如実に交錯する。すなわち、福沢が主張する国内防禦線（北門、西門、南門の鎖鑰！）と山県の言う主権線（「国の疆域」！）、そして国外防禦線（朝鮮！）と利益線（「主権線ノ安危ニ密着ノ関係アル区域」！）との交錯・結合―かくて歴史の帰結は山県・福沢が構想した如く、中国への分割支配、朝鮮の併合となって顕現された。そして明治二十七年十二月、老大国を打倒する日を間近に控え福沢は、「我軍の勇武なる連戦連勝、彼の老大国の降を乞ふも蓋し遠きに非ざる可し」（「全集11、台湾割譲を指令するの理由」）と日清戦争の戦局の推移を見守りながら、伸びゆく日本の国外防禦線の指呼の先を台湾にあてて、割譲の要求を主張し、その理由の一つに琉球帰属をめぐる日清間の紛議をかかげ、中国を激しい口調で詰問する。

琉球は元来、我国の一藩であって、唯その地方の「社会的歴史」に基き、特に藩主に王号を許したものである。廃藩置県後は施政上の必要から沖縄県と改称し、世界に怪しむ者なき純然たる我領分であり、その上に、古来その住民の言語、文書、風俗、歴史、口碑に至るまで日本と密接な関係があるにもかかわらず中国はこれに不平を抱き、しばしば県民を教唆して日本に背き中国に従わしめんと企だてる。このように述べて福沢は、沖縄群島を二分しようと言う改約分島交渉に於ける中国の態度を「乱暴狼藉」と非難し、あまつさえ清国政府の年報に沖縄県地を自己の領分とするは「眼中に我主権無視するが如き」態度であり「実に言語に断へたる不埒」とする。

かかる中国の態度はもし国内に多難なく、外事に専念する余裕があれば「台湾を駐軍の根拠地として我辺境を侵さんとする野心は、多年歴々欺く可らざる事実である。」したがって台湾割譲は、中国のこのような野心を断ち、永遠の平和を確保するため、同時に辺境沖縄の安全と防備の為必須のものであると結ぶ。

かくて、国内防禦線、主権線の軍事構想の中に組み込まれた沖縄の内地化コースが、日清の軍事的対決の渦中で現実にどのように進行したかは、他の外交史の研究成果にまたなければならないが、日清の軍事的対決を控え、伊藤博文、山県有朋ら明治政府要路がしばしば来島した事実は、このコースに照応するものと言う指摘にとどめよう。なお本論のかかわりで言えば、明治十年代前期の日清交渉に於ける「沖縄問題」をグローバルな形で追求した我部政男の「条約改正と沖縄問題―井上外交の日清交渉を中心に―」(「史潮」一〇七号)と題するすぐれた論稿がある。

(四)〝脱亜と内地化の帰結〟―近代の破局―

福沢に於ける内地化のコースの設定は、明治政府の沖縄に対する「旧慣温存」の主義と見合う形で、軍事化を緊急の課題としたことはしばしば指摘した通りであるが、しかし次のような指摘に接する時、他の局面(政治・法律・社会組織)の内地化の展開がより急テンポに進んでいる事実はそこに重要な側面をうかび上がらせる。そしてその展開も又、且って福沢が日本の西洋化を説き、沖縄の内地化を説いた指摘と合致する。その指摘とは、また福沢が次のように述べる中から抽出される。

日清戦争の勝利の後、明治三十一年、余裕にみちた福沢が東洋の「老大国」が日本の足下に屈した現実をみつめながら、「支那兵」の素質を論究する中で「琉球人」と比較対照する時、そのもう一つの側面はあざやかにうかびあがる。すなわち、福沢は日本に敗北した「支那兵」は素質が悪いのではなく、「文明自由の政治を布き、人心帰服の上」これらを組織化せば、あたかも後述する「琉球人」の如く有用の働きをなすものと述べる。しからば、その例証たる福沢の「琉球人」観とは何か。

「例へば琉球人の如き、本来支那崇拝の人民にして、廃藩置県の当初は民心甚だ穏ならず、頻りに不服を唱へて支那に脱走したるものありしかども、次第に年月の経過に従ひ、新政の有難さは旧藩の政と同日の談に非ずとて、今は全く心服して一点の不平もなく、近年は、既に徴兵令を実施して、其人民は立派な兵隊の用を為すに至れり」(「全集16、支那兵大に用ふべし」)

文明に裏打ちされた「新政」は、「旧藩の政」を圧倒し、「支那崇拝」の人民さえも日本帝国の兵隊として「内地の風」に溶解せしめる！――と福沢は言う。明治十六年、「外交論」の中で日本と西洋とを対比して日本の西洋化を説き、且つは封建尚武の時代的前提の下に沖縄と日本の文明論的比較考察を加え、沖縄の日本「内地」化を説き、日清戦争を経てすでに十五年経過した明治三十一年、福沢の眼前にくりひろげられる沖縄の光景は、古俗旧慣を一変し政法律教育の大体より社会の日常に至るまでも之を改めて大なる差支えを見ざる限りは勉めて内地の風に倣ふと言うとうとうたる内地化の潮流であったと言えよう。これを換言せば、上からの内地化の潮流を起動力とする「新政」が「旧藩の政」を圧伏、打倒してゆく過程は、政治、教育、そして軍事をも含めて社会の日常生活に至る総体を、福沢流に表現せば、「改めて大なる差支えを見る」部分、すなわち沖縄近代を貫流する「旧慣存置(温存)」の主義に接触しない限り、それら総体を内地化することである。このように日本を西洋化し、アジアを切り捨てる脱亜の過程の反射が、沖縄を内地化し、「旧藩の政」を圧倒しつつ貫徹される「新政」の光景とは何か。

沖縄近代に照して言えば、日清戦争の圧倒的勝利により、明治政府にとっての沖縄統治の主眼目であった士族の抵抗も福沢が述べる如く、「不服を唱へて支那に脱走したるもの」も「全く心服して不平もない」光景を指し、そして今や士族綏撫策としての旧慣存置の一大眼目さえも内地化のコースの下で政治的に制度的に溶解せざるを得ない事態となった。これをしも、明治末年の伊波普猷をもって言わしむれば、「何人も大勢に抗することは出来ぬ。一人日本化し二人日本化し、遂に日清戦争がかたづく頃にはかつて明治政府を罵った人々の口から帝国万才の声を聞くやうになった」(「古琉球」)という光景である。

かくて、明治三十年代以降、本格的に上から打ち出される内地化のコースへの集中と拡大は、〝同化〟と〝皇化〟の脈略のうちに政治、教育、軍事、社会生活の細部をあげて内地化のルツボへと奔流の如く溶解せしめる。

こうして貫徹される上からの内地化のコースが下からの内地化への志向と緊密に連結する時、しばしば例証される明治三十三年の琉球新報の証言、「我県民をして同化せしむるということは有形無形良否を論せす一から十まで内地各府県に化すること類似せしむることなり極端に言へばクシャメをすることまでも他府県人の通りにすると云ふにあり」(大田昌秀「沖縄の民衆意識」参照)という極端なる内地志向の主張となってあらわれる。そしてまた、かの伊波普猷さえもが自嘲をないまぜにしつつ大正八年、次のように吐露する時、そのいたましい悲劇の方向性はすでに胚胎されている。「沖縄青年の中には、自分は品性もあり学問もあるのに、一向昇進しない、といって能く愚痴をこぼす人があるが、私はそういう人々に向って、かう答えたい。…君が如何に国民的自覚をなして、忠君愛国を唱へたからといって、君の言語・風俗・習慣が上官のそれと一致せない限り、君は上官に了解せられるものではないと。…して見ると、沖縄に於て何よりも急務なのは、言語・風俗・習慣を日本化させることだ。…これやがて沖縄の出発点である。」(「沖縄女性史」)

かくて日清・日露を経て脱亜の極点としての第二次大戦へと日本の近代が突入する時、内地化も極点に達し悲劇の末路へと転落を遂げる。あたかも大正の末年、柳田国男が中央の興隆と地方衰退、中央の地方に対する絶えざる搾取の過程をもって、日本政治史の波形線と述べ中央の連鎖を切断し、地方発掘と地方人精神の換起を唱導することが、脱亜と見合う内地化の方向を切断するものとならなかったように、脱亜の極点に於ける破局は、内地化の極点に於ける破局でもあった。まことに、日本の西洋化は、沖縄の内地化であり、同時に脱亜の過程は内地化の過程であった――と言うより外はない。

（五）結語

以上、福沢諭吉の沖縄イメージを追跡する中で、その沖縄イメージが近代沖縄の歴史過程に如何に如実な形で反映されてきたかについて若干の論証を加えた。すでに決定をみた七二年沖縄返還を貫ぬく権力の思想の所在が、アジア安保体制を基軸に沖縄を体制内的に吸収せんとするものであってみれば、アジアに対する脱亜の方向の緊持と沖縄に対する上からの内地化の促進はより一層強まることは言うまでもない。

ここに脱亜の方向と内地化の方向の結合は、近代のかなたから今日まで修正されることなく持続されていると言うべきである。上から内地化の論理は、すでに教育関係の本土並一体化、自衛隊による米軍基地の肩代り等々と着実に布石される。そして、脱亜の方向は、中国、朝鮮、ヴェトナムなどのアジア諸国に対するアジア安保体制によってより一層促進されつつある。

そしてここで再び福沢にもどるならば、今我々が直面するものは、まさしく政治・教育・社会のすべてのメカニズムを内地化することかどうかの冷厳なる二者択一とでも言うべき思想的分岐点に立たされている現実なのである。こうして〝祖国〟の相貌を自他相ともに誇示しつつ迫まり来る巨大な内地化の論理を遮断するものは何かと言う問いは、かくて沖縄の地軸の深層に貫流するエネルギーに着目する者にとってさくべからざる命題として迫まってくる。

（ひやね・てるお、東京教育大学大学院・日本政治思想史専攻）

谷川 健一

たにがわ・けんいち　１９２１年生まれ。民俗学者、文化功労者。琉球弧に関する民俗学的な研究などを行った。主な著書に『南島論序説』『南島文学発生論』『沖縄　その危機と神々』など。２０１３年８月24日死去。

空間と時間の不可逆性

谷川　健一

（1）

「後狩詞記《のちのかりのことばのき》」に九州椎葉の山中の狩の作法を書きとめた柳田国男は、こういう仕事が外国人に先取りされたくないので、自分が手がけたのだ、という意味のことを述べている。手許に書物がないので、正確を期しがたいが、多分そういう言葉が書いてあったとおもう。そしてその柳田国男はまた、ある座談会の中で「軽薄なる那覇文化人」という言葉を使っている。私は東京にいて、東京の文化がたえずヨーロッパやアメリカの文化の動向に気を使っているのを知っているから、この言葉を他人ごとでなく身に沁みて感じる。那覇にきて軽薄なる東京文化のその縮少版に接する気がすることがときどきある。

つまり那覇の文化人は東京の方向をむいていて、その沖縄列島内部にあまり目を向けようとしていないのを感じる。

外国人に先取りされたくないから、沖縄内部の古い習俗を書きとめておこうなどと考える広い視野と気概をもった人は少ないようだ。私は沖縄の人と会って、沖縄のことを語るのが好きだ。私が知りたいとおもうことを色々と聞かせてくれる仲松弥秀氏のように、琉球弧をくまなく調査した人はめずらしい。こうした人は沖縄ではもっと大切にされて然るべきである。

私は那覇の町があまり好きでない。用がなければ私はタクシーで那覇の町を出てしまいほっとする。勝連半島や勝連城址の眺望はすばらしい。佐敷の月代宮や斉場御嶽や久高島をひっくるめて、私はそこに「文化」を感じる。この文化は事大主義的でなく、人にこびない文化である。だから中城公園からの眺望を台なしにしてしまった東洋石油工場はかえすがえすも残念である。沖縄のためという大義名分を掲げた沖縄エゴイズムの拙劣きわまる現実的適用の一例である。

私は琉球弧は一括して考えるのではなく、ばらばらにしたほうがよいのではないか、という考えをもっている。そうすれば反復帰＝沖縄エゴイズムという定式は打破できるのではないか。沖縄列島といい、琉球弧というが、現実には、それぞれの島が、単位であって、沖縄もしくは琉球弧はその総称であり、島々の連合体を指すという南島の生活社会のすがたは昔も今も変らない。その意味で沖縄の島々は、共同社会であり、それ以上にコンミューンに近かい性格をもっている。

沖縄エゴイズムというのは安定を欠いた船に似ている。その重心はたえず移動する。この海に浮んだ船は自信のない、不安定な航路しかとりえない。

私は宮古は沖縄の中で独立したらどうかと思っている。八重山にたいしてもそうである。少くとも、先島の統一以前の宮古共和国や八重山共和国のあったすがたにかえしてみることが、反復帰の思想の点検には必要ではあるまいか。

宮古共和国と八重山共和国があり、宮古の中ではさらに多良間共和国があり、現在二軒の住家しかないと聞く水納共和国があってもいい。むしろそこから反復帰の思想を出発させるべきではないか。

ここでいう独立はもとより実際には不可能なことであるにきまっている。しかし沖縄の思想の弱点だと私が思う「事大思想」、つまり、大なるものに事《つか》える思想を逆転させる思想、仮りにそれを「事小思想」と呼ぶことにするならば、事小思想こそ今日の沖縄には必要である。先島は沖縄本島に反復帰し、先島の離島は宮古本島や石垣島に反復帰するという空間の不可逆性の思想を確立させるべきではないか。

それぞれの島が独立不羈の精神をもやしながら、沖縄連合共和国を形成するというとき、そこにはヤポネシア思想のもっとも徹底したすがたがある。

（2）

反復帰とは何か。あとをふりかえらないことである。これまでのべた空間の不可逆性にたいして、時間の不可逆性というものがある。反復帰論はその頂点の思想であり、沖縄の戦後の思想に一紀元を画するものである。しかしふりかえってみれば、沖縄の戦後の思想は、アメリカと日本にたいして同時に発せられる「ノウ」から始められるべきものであった。私は今回、沖縄県史編纂室がおこなっている、沖縄戦の非戦闘住民の聞書の記録をよんで、その感じをつよくもった。沖縄の戦後思想の原点をそこにみたと思った。この仕事は、あらゆる思惑をこえて、沖縄の戦後の思想の基盤を提供するものだ。思想は一方に出口をもったとき、その名に値しない。現実の不可能性に沖縄は賭けるべきだと私は書いたことがあるが、沖縄の現実はまさしく不可能性の上に立っている。これから汲みとらない思想はウソであるという以上に愚劣である。本土にたいする反復帰の思想は沖縄の戦の灰燼の中から始められるべきものであった。それは当然沖縄の独立論にみちびかれるだろう。しかし問題は沖縄の古王国を再現しようという王統派の考え方が結局は過去との合体におわってしまうということにある。最近謝花昇の評価をめぐって新川明氏とその論敵のあいだに論戦がくりかえされているが、新川氏の意見というのは、要するに謝花昇をまるごとにみとめ、それを偶像化することは、思想の可逆性をゆるすことにつながる。しかし沖縄の今日の「思想的現実」はその不可逆性につきすすんでゆかねばならない、そこのくいちがいをどうするのだ、ということだと私は理解している。（これは新川氏自身とは何の関係もない。私ひとりの判断であるから念のため）。

おそらく思想というものは、そうしてすすんでいく。反復帰とは何か。あとをふりかえらないことである、と私がまえに述べたのはそういう意味である。今日も明日も明後日も歩いてゆかねばならない。それが沖縄のおかれた現実だ、ということを新川氏は云いたいのだろうとおもう。

（3）

沖縄学はその出発点において、知識と思想の雑然としたアマルガムであった。それは発展するにつれて知識の精緻さを加え、細分化をたどったが、しかし思想の方向性は一定していた。その思想の一定性とは本土と同値化する方向であり、異質化する方向ではなかった。沖縄学の知識は進歩した。しかしその思想は不問に付されていた。本土ではもはや学者が思想家と混同されることはない。しかし沖縄ではながいあいだ学者が指導者であり、学問のある人の意見がそのままとおっていた。それは今日でも濃厚に残っていて、指導者づらをしている。つまり学問知識は思想の代役をはたしている。いわゆる離島の医介補のごとき存在である。しかし沖縄学自体の知識は思想的に問い直されなければならない段階にきた。それはとうぜんの運命であった。

沖縄には硬直した沖縄学の思想を打ち砕く庶民の生活がある。それは庶民の原形質と呼んでも差支えのない生き生きしたもので、広大な時間と空間と取り組んでいる。だからこそ沖縄ではフォークロアとしてはすまなくなるのだ。「新沖縄文学」（編集註・十六号、座談会「現代における文学と思想」）で大城立裕と米須興文が、秋元松代の「かさぶた式部考」に疑問を呈していた。それは私には大変おもしろくおもえた。沖縄のようにフォークロアの純粋な風土からみれば、秋元松代が進歩的観念の丸薬にフォークロアの糖衣錠をつつんで、観客にのませるやり方は、いかにも安手な感じがする。また東京の観客もその程度のフォークロア趣味で満足するのはいかにも笑止である、という感じが私にはよく分ったのである。本場の酒を呑んだものは茶粥に酔うことはできない。

沖縄のもつ一切のもの、そのマイナスとおもわれているコンプレックスのすべて、これはプラスにすることが可能であると私はおもう。人頭税や沖縄戦による「心的傷害」も、これをつきつめてゆけば、それはたんなる精神傷害の域を脱して、沖縄のおかれてきた歴史風土を解く鍵となり、その鍵を手に入れた以上はそれを理論的武器にすることができると私はおもう。「差別」もしかりである。フォークロアもそうである。この「心的傷害」や「差別」やフォークロアをつきつめることによって、本土にたいして「ノウ」と云うことができるのだ。あらゆる思想がノウから出発するように、沖縄の思想もノウから出発しなければならない。このノウを欠いた沖縄の主体性というものはあり得ないのであって、漠然と沖縄の主体性を唱えるだけではあいまいである。すなわち沖縄は戦後はじめて主体性をもった行動を開始したが、その根抵にノウを欠いたばかりに、支配層の復帰先きどりに手もなくやられたのである。フォークロアについて云えば、米須興文がいうように、それは沖縄の精神風土の深層を形成するものとして、沖縄の文学を論ずるばあい不可欠のものとなるだろう。米須は沖縄とアイルランドの文学を比較し類似的なものと考えている。この考えは示唆的であるが、しかしそれはたんに文学の次元にとどまらないだろう。そして思想から政治の問題へと発展させることができるだろう。

反復帰の思想は、普遍性の岩盤につきあたるために、歴史的風土の特殊性をつきぬける必要がある。歴史風土的条件を止揚すること、それは空間と時間の不可逆性の中をすすむ以外にない。そこにはどんな孤独がつきまとおうとも、真の共同社会をうちたてることを目指したものの、たのしさがある。外部者もそれに加わるだろう。私もまたその一人に。

（たにがわ・けんいち、評論家）

『新沖縄文学』19号　編集後記

今号は前号に引き続いて「反復帰論」を特集した。これは日米両帝国主義者が設定した欺瞞的策動による「七二年返還」というレールを前にして、「共同声明」以後、基地の街コザで生起した〝コザ暴動〟を前段階として、国頭村の米軍射撃演習場問題、全軍労の大量首切りにみられるように、〈沖縄〉をとりまく状況は新たな展開をみせている。そこで改めて自分（沖縄）を問い直し〝復帰とは何か〟という復帰運動（思想）の深部における問題を提起したものである。もちろん、前号と今号でこの重大な問題の解明が十分だとは考えていないし、こんごも引き続き提起していきたい。

（K）

【解説2】

蜂起する〈反〉と〈非〉の思想地図

仲里　効

反復帰論とは何か、少なくとも私にとって反復帰論とは何かと問われれば、沖縄から本土に渡った一〇代後半から二〇代初めのさまよえる沖縄群像がそうしたように「沖縄よ何処へ行く」と呟きながら、復帰とは、沖縄とは、国家とは、自立とは何かと思い迷っているときに出会った力の思想だといえる。一九七〇年を挟んで、沖縄が身をくねらせながら大きく変わっていこうとした転換期、大国に翻弄され、いくたびかの世替わりをくぐってきた弧状の群島の受苦の経験へと降り立ち、研ぎ澄まされた批評の刃で精神の病巣を開き、拓いた思考の結晶は、潮風に運ばれ、わたしたちの島惑いする心に呼びかけてきた。

〈反〉と〈非〉が力能となって蜂起するように精神の革命へと促した。そのときたしかに私は思想のハジチをうたれた、と思った。沖縄から離れることによって沖縄につかまれる逆説的な場で、マンガタミーした〝沖縄〟を持て余し、もつれた季節の〈在日〉の経験が立って歩くことへと誘った。うたれたハジチの〈反〉と〈非〉の紋様はその後の日常の時間に浸食されても、けっして消えることなく、傷や痛みの記憶とともに遠くまで目覚めて在れ、と怠惰な連鎖を叱咤する。力の思想としての反復帰論は、変貌する時にまぶされながらも、自己を刷新していく水を汲み、傷を繋ぎ、来たるべき危機の時代の磁力となって〝いま〟へと問いかけてくることをやめることはない。

1

沖縄の言説史においていわゆる反復帰論という言葉を定着させたのは、『新沖縄文学』一八号（一九七〇年）と一九号（七一年）での二度の特集であった。特集の企画趣旨には「なぜ」が明らかにされているが、一九六九年一一月の日米共同声明による沖縄返還を「不条理なレール」だとして、だが、それを状況論に依るのではなく、「全体に対する個の問題、体制の中に没入する個の抹殺」という視点で捉えたこと、つまり「不条理なレール」を「仮構を叩いてわたる」、その想像─創造行為に反復帰論を含意させていた。目を落としておきたいのは、それまでの編集上の主要テーマが「私の内なる日本」であったこと、その問題意識の延長上に反復帰特集が組まれたことである。言い換えれば、内に向けた問いによって反復帰という言葉が発見されたということになる。

その内への視線は、一見なんでもない、当たり前のことのように思えるが、しかし高揚する復帰運動のメインストリームが、日本を「祖国」と幻想し、その幻想空間へ帰一することによって救済を願望する、差別告発＝請願型のまなざしが向かうところを考えれば、思ったほどた易いことではなかった。その内への視線によって編まれた反復帰論特集が「復帰の原点を探る」〈その1〉〈その2〉としたことに注目するとき、反復帰論の〈反〉とは「復帰の原点」を探索するきわみで見出された抗いと超克の潜勢力であることに気づかされることになるだろう。「復帰の原点」を探ることは避けられず「内なる日本（祖国）」に突き当たり、「内なる日本（祖国）」に突き当たることはその幻想の根っこに気づき、批判的に問い返すことであり、そのダイナミズムが〈反〉を呼び寄せる。特集から目撃させられるのはそうした孕まれた〈反〉によって沖縄の戦後思想の風景が一変していく様相である。

このことを〝まなざしの政治〟の組み替えという視点から眺めるとよくみえてくるように思える。復帰運動は「日本よ」と外延を特徴としていた。対して復帰の原点を探る「内なる日本（祖国）」を問うことは「沖縄よ」への内発を特徴としていた。「日本よ」から「沖縄よ」へのまなざしのベクトル変容はある種の劇性をともなっていた、といえよう。二度の特集に寄せられた複数のエッセイや論考には濃淡の違いはあれ、「沖縄よ」と問うまなざしを読み取ることができるだろう。そしてこの「沖縄よ」を徹底させ、内破した、つまり「復帰の原点を探る」ことが「復帰」そのものを内側から越え出ていく臨界までいったのが新川明であり、仲宗根勇であった。

この二人の論考が「〈復帰〉思想の葬送―謝花昇論ノート―」と「沖縄の遺書―沖縄・その擬制の終焉―」だったことは、〝内破〟を図らずも言い当てていた。「葬送」と「遺書／擬制の終焉」は、始まりのためには何かが終わらなければならない、ということを転換期の沖縄に向かって告げていた。

2

「〈復帰〉思想の葬送」と「沖縄の遺書」に加え、十九号の〈続〉では大阪府教委が配布した副読本「にんげん」で「部落と朝鮮人と沖縄」を一緒に扱っていることに大阪沖縄県人会が抗議し、それに沖縄選出の国会議員と屋良朝苗主席が同調したことをめぐって「復帰の原点」に宿る排外主義を明るみに出した岡本恵徳の「沖縄の『戦後民主々義』の再検討」も無視するわけにはいかないだろう。そして「特集」に執筆しているわけではないが、『沖縄・本土復帰の幻想』（三一書房、一九六八年）に収録された座談会で復帰運動の限界と超克をめぐって志を分かち合った『琉大文学』のかつての同人たちと鋭く対立し、翌六九年には「復帰のスローガンを捨てよ！」（『情況』八月号）と喝破していた川満信一がいる。この四人の差異を含みながらも共闘した表現行為が〈反復帰〉の思想潮流を形成していったと見なしてもよいだろう。

そして反復帰論のオリジナリティを印したという意味で決定的だったのは、『新沖縄文学』の特集とほぼ前後して書かれた叢書『わが沖縄』の第六巻《沖縄の思想》（木耳社、一九七〇年）に収録された新川明の「非国民の思想と論理――沖縄における思想の自立について」と川満信一の「沖縄における天皇制思想」と岡本恵徳の「水平軸の発想――沖縄の『共同体』意識について」であった。それらは自己史を辿りながら、沖縄の近現代史を主流的に特徴づけてきた精神の実存と構造をより深く探訪していく内実をもっていた。自己―家族―島共同体―国家へと至る統合のありように分け入り、沖縄と日本の関係と沖縄の異族性への注目、沖縄戦での集団自決と復帰運動に通底する共同体意識の類同性、島嶼民の祭祀にみる救済願望と天皇制との交差などに踏み込み、その探究を通して反復帰・反国家・非国民・沖縄の自立へと至る思想の水路を拓いていった。

だから〈非〉と〈反〉はドグマ的に予め前提とされたのではなく、復帰思想との苛烈な格闘によって招き寄せられたものであったことを忘れてはならないだろう。己をえぐり、共同の幻想をえぐる、その行為遂行が〈非〉と〈反〉をさらに更新し、深められていく重層的決定を特徴づけてもいる。

こうした新川明、川満信一、岡本恵徳らの「琉大文学」を淵源にした表現者たちに、六〇年安保闘争の渦中で沖縄を排除した「国民運動」の擬制をみた仲宗根勇が加わることによって陣型を形成していくが、反復帰の思想を最も徹底して突き詰めていったのは新川明であった。その営為は一九七一年に刊行された『反国家の兇区』（現代評論社）となって結実した。「〈復帰〉思想の葬送」では、偶像化された謝花昇像を復帰思想との関連で批判的に問い直し、その作業過程で予告された伊波普猷の沖縄学や復帰運動を中心的に担った沖縄教職員会の体質など、学知から運動まで沖縄の近現代の精神現象を染め上げている〈一者〉と〈一系〉への帰化幻想を剔抉したことと、六九年の日米共同声明路線を下から補完していく国政参加拒否闘争や沖縄と七〇年代への「情況への発言」によって構成されていた。いわば新川明版「文の闘争」ともいえるが、反復帰＝反国家＝反国民〈非国民〉となって〈反〉と〈非〉が蜂起していく苛烈な精神革命の書となっていた。

反復帰論とは何かを端的に表現しているのが、『反国家の兇区』のために書き下ろされた「〈反国家の兇区〉としての沖縄」であった。なかでも『新沖縄文学』での「反復帰論特集」を編む趣旨に触れながら述べた次のような個所にそのポイントを読み取ることができるだろう。すなわち「少なくとも私が、『反復帰』という時の『復帰』とは、分断されている日本と沖縄が領土的、制度的に再統合するという外的な現象を指しているのではなく、それはいわば、沖縄人がみずからすすんで〈国家〉の方へと身をのめり込ませてゆく、内発的な思想の営為をさす」というところである。

〈反〉の対象となった「復帰」が何であるかが明示され、「内発的な思想の営為」に力点が置かれている。この場所において特集趣旨でいわれた「全体論に対する個の問題」や「体制の中へ没入する個の抹殺」という問題意識を引き寄せ、「他者に対してよりも、みずからの内に向けた問い」であること、続けて「個の位相で〈国家〉への合一化を、あくまで拒否しつづける精神志向と言いかえて差しつかえはない。さらに言葉をかえていえば、反復帰すなわち反国家であり、反国民志向である。非国民として自己を位置づけてやまないみずからの内に向けたマニフェストである」と定位していた。ここでも自己叛乱としての〈反〉の力能は累乗し、復帰思想とその背後にある国家と国民の統合のヘゲモニーを捕捉している。国家と国民を等式で囲い込んでいく政治への自発的な隷従に抗すること、その抗することの内発において〈個〉の根拠を自律的に組成し返すこと、これである。そして反復帰論の際立った特徴として挙げた「日本よ」ではなく「沖縄よ」への呼びかけの方位は、「外に向けた差別告発の視点ではなく、みずからの内なる痛みとしての国家幻想をいささかなりとも存立せしめない内に向けた不断のたたかい」と「差別告発から反逆の主体へ」のなかでいわれた傷と痛みをともなった主体化をめぐる〝まなざしの政治〟の転換になっていることは繰り返したしかめ直さなければならないだろう。

3

こうした転形期の沖縄で生まれた反復帰論は、その後の沖縄の歴史認識や批評行為にとって避けては通れない思想資源になっていった。だからだろう、「復帰」が実現したらその効力は失効するとか「沖縄と日本の仕切りがとれてしまえば、これまでのような形では衝撃力を保てなくなるだろう」という政治力学の表層からする半畳に対し、新川明が無用な思いやりだとして「それらの《思想》は、《沖縄と日本の仕切りがとれてしま》ってあとから、言葉の正しい意味でその本質が問われる」と切り返したのは、自負というよりはむしろ理路を踏んだゆえの発話だといえよう。

では、沖縄と日本の仕切りがとれたあと、つまり「復帰」後の沖縄で〈反〉と〈非〉の思想はどのような時間を生きたのだろうか。その螺旋と転生と現在的意義とは？　三つのトピックからみてみたい。ひとつは、復帰によってあらゆる領域での本土との一体化と系列化で敷き均されて沖縄喪失の危機が叫ばれ、沖縄の自立があらためて注目されていく、復帰一〇年目の一九八一年『新沖縄文学』四八号での「琉球共和国へのかけ橋」の特集とその基調となった川満信一による「琉球共和社会憲法私（試）案」と仲宗根勇による「琉球共和国憲法私（試）案」を挙げることができるだろう。

この二つの憲法構想は、反復帰論が構成的力能に転生され、政治体の創設へと結像していったとみなすことができる。憲法の基体を〈国家〉にするか〈社会〉にするかの違いはあれ、琉球弧の想像力が世界を獲得したことを明示するもので、そのゆえに、たとえば、フランスの植民地であるカリブ海のアンティル諸島のポストコロニアル思想を呼び入れ、二〇〇〇年代に入り、中国や韓国語に翻訳され、台湾でも注目されるようになっていく。また『琉球共和社会憲法の潜勢力』（未來社、二〇一六年）として、沖縄内外の複数の視点で読み直され、「復帰」五〇年の今年、同様に論集『琉球共和国憲法の喚起力』となって実現した。この『潜勢力』と『喚起力』は、仕切りがとれたあとの沖縄の思想空間に創設行為としての反復帰論が転成したひとつの到達点を示すものといえよう。

『新沖縄文学』での取り組みを振り返って言えば、特集「琉球共和国へのかけ橋」を受け継いだ八二年の五三号での「沖縄にこだわる――独立論の系譜」の特集も等閑に付すわけにもいかないだろう。一四号（六九年）で「私の内なる祖国」の懸賞論文を募ったことから二度の「反復帰論」特集を経て「琉球共和国へのかけ橋」から「独立論の系譜」へと至る道筋は、反復帰論の誕生と沖縄における自立の鉱脈を探り当てる思想の旅の記録として位置づけることができるはずである。

二つめは、一九九五年の少女暴行事件の衝撃とその後の鳴動を読み解くうえで、復帰後世代によって反復帰論に新たな視点で光を当て直されていったことと、さらにアジアの視野の中に浮上していったことである。そのきっかけのひとつとなったのが、二〇〇八年五月に行われたシンポジウム「来たるべき〈自己決定権〉のために――沖縄・アジア・憲法」での屋嘉比収の基調講演「『反復帰論』を、いかに接木するか」と、シンポジウムに向けて沖縄タイムス文化面で連載された中国の日本思想史研究家である孫歌や在日朝鮮人二世の崔真碩を含む四組の往復書簡であった（いずれも二〇〇八年の月刊『情況』第三期九巻第八号に収録）。

「『反復帰論』を、いかに接木するか」は、復帰後世代として反復帰論が生まれた背景や差異を含みながらも思想のフロントをひとつにした内実などをまとめ、国民・国家批判や自治・自立論、自己決定権までの広がりを見ていたが、注目したいのは、反復帰論の誕生に沖縄戦とアメリカ占領体験を抜きには語れないとしたことであり、一番核心にある論点として植民地主義批判を挙げたことである。またナショナリズムへは回収されないパトリオティズムの可能性のうちに読み込んでもいた。崔真碩が、新川明との「復帰―反復帰論」をめぐっての往復書簡で、反復帰論に四年のソウル留学から帰って出会ったこと、「国家批判、植民地主義批判、そして同化批判」として読んだことや「朝鮮人の存在とつながっている思想」であるとして、『個』の存在に訴えかける表現の力が反復帰論にはある」と述べていたのも興味深い。このことは屋嘉比収の指摘と重なるものがあり、何よりもまた、孫歌がいうアジアと沖縄が「ずれてつながる」という位相を想起させるものがあった。

三つめは、「復帰」という名の併合五〇年目の今年、「未完の問いを開く」とした『越境広場』一〇号の総特集を通り過ぎるわけにはいかないだろう。「反復帰論の現在地」をたしかめ直すこと、反復帰論が辺野古の新基地建設や琉球弧への自衛隊の配備によって軍事列島化する危機の時代における抵抗の現場でリレーされていることを、仲宗根勇と田仲康博、山城博治と上原こずえの往復書簡によって知らされる。新川明と川満信一の二人のロングインタビュー「反復帰・自立の通奏低音」は、五〇年前の「《沖縄と日本の仕切りがとれてしまって》あとから、言葉の正しい意味でその本質が問われる」としたことの五〇年後の貴重な証言にもなっている。こうしてみると反復帰論はポスト復帰の沖縄の時空への投瓶行為でもあり、それが五〇年という時の折々の結節で開封され、新たな眼で審問され、組成されていったことを看て取ることができるだろう。

そして沖縄の近現代の精神現象を長く幽閉した病根を内側から越え出ていく言語闘争の飛沫を同時代的に浴びた比屋根薫の「ミネルバの梟が飛び立つ夕暮れの反復帰論」がある。復帰が実現すれば失効するとか、沖縄と日本の仕切りがとれてしまえば衝撃力を失うという言辞の焼き直しでしかない「復帰前後ならいざ知らず、『反復帰論』を終始嗤ってきた」とか「五〇年もたつんだぜ。五〇年も。まだ反復帰論なんかいってるのかよ」とした俳人と詩人の揶揄やみくびりに対する反論は、〈反復帰の思想〉の核心と現代的意味をあらためて世界視線で措定し、批評のラディックスへと誘ってくれる。

反復帰論とは、と比屋根はいう。「現在この地球上を埋めつくしている国家群のそれぞれが、国家という幻想空間の中で死守している統合の秩序に対する限りない異議申し立てであり、これを突き崩すための思想の営み、精神の働きである」と。この「思想の営み」と「精神の働き」は、一〇代後半から二〇代初めにかけて島に迷い、時代にもつれ、蜂起する〈反〉と〈非〉の思想的ハジチをうたれた世代のエチカとなっていることをゆるぎない視座で言い当てている。それと同時に忘れたくないのは、〈在日〉の視点で崔真碩が新川明への書簡に書き留めた「沖縄で客死した（朝鮮人の）死者に対するまなざしは、『反復帰論』で解体された沖縄をさらに解体したその先に獲得されるものだと思います」という言葉の意味の重さである。

「反復帰論」で解体された沖縄をさらに解体すること、その先の「もうひとつの精神革命」は、沖縄が〝阿Q〟を呼び入れ、客死したアジアの死者たちのまなざしに繋がるための不可欠な営為であるということである。根源的であれ、遠くまで行くのだ、という声として聴き止めておきたい。一九七〇年前後の転形期の沖縄で生まれた国家に抗する〝力の思想〟は、蜂起する〈反〉と〈非〉を装填しながら、わたしたちの「精神の働き」の根源への促しであることをやめることはないだろう。

なかざと・いさお　１９４７年、南大東島生まれ。法政大学卒。雑誌「ＥＤＧＥ」編集長を経て、映像・文化批評家。

著書に『オキナワ、イメージの縁』（沖縄タイムス出版文化賞）『フォトネシア―眼の回帰線・沖縄』『悲しき亜言語帯―沖縄・交差する植民地主義』『眼は巡歴する―沖縄とまなざしのポリティーク』『遊撃とボーダー―沖縄・まつろわぬ群島の思想的地峡』（いずれも未來社刊）など。編著に『琉球共和社会憲法の潜勢力』『琉球共和国憲法の喚起力』『沖縄写真家シリーズ〈琉球烈像〉全九巻』など。

【付録2】

対談　アジアのなかの日本人　大城立裕・大江健三郎

（『沖縄タイムス』１９７１年１月１日掲載）

沖縄のための復帰

大城　沖縄は、なぜ復帰するのか―何年か前には、本当は独立した方がいいのだけれども独立出来ないから復帰するんだというような、いわば沖縄エゴイズムのようなものをいくらか持っていた。―今はその考えが変わって、もう少し複雑になって来ていますが―ところがそれをなかなか口に出せないような関係が本土との間にあった。つまり、そんなことをいっては申し訳ないというような遠慮が、沖縄一般にあった。

確か六七年でしたか、そういう話をしたら、大江さんからはっきり「沖縄のために復帰するのでいいじゃないか」といわれた。このころでは、本土のペースに埋没するなとか、沖縄の主体性を守れとか、常識になっていますが、ほんの三年前だが、あのころは考えられなかったわけです。そのことも復帰運動の歴史というものの速さを感じさせます。現時点だけで判断する傾向は危険だし、同時に沖縄の人間は、ふたことめには歴史のことを持ち出すが、それにはそれだけの理由があるわけです。

大江　琉球処分が具体的にどういう内容だったかを現実に立って書いた小説は、大城さんの「琉球処分」という作品しかないのではないかと思う。それが非常につらいことに、一九六〇年の直前にあの小説でお書きになったことが、現実化して、現在の問題として、まさにそこにある。

大城さんのような方から見れば、いつも歯がゆい思いだったと思うのです。たとえば僕などでも、五回、六回と沖縄に来るたびにどういうことを感じているか。本土の革新勢力が約束したことがどんどん失われていく。政府がどんどんブルドーザーで走って行くのに巻き込まれて、ほんのわずかな自分たちの成果しか握ることが出来ない。しかしその中で、いまいわれた沖縄の人間の立場での本土復帰でなければならぬという方に物事が転換してきたと思う。

だが片面ではそれをたちどころに本土政府が、沖縄の本当の民衆の望むところから切り離して、自分のメリットにする。沖縄の本当の民衆の声が、常に本土政府の野心、おしきせのもとに、組み込まれてしまう。そこに立って、もう一度政治を、民衆の側に戻していくことを考えるほかにないと思う。

うっちゃりの力学

大城　私はちょっと違う感じを持っている。三大選挙以来、本土政府のペースに巻き込まれたことは、沖縄の復帰運動の側にも責任があったのではないか。

六七年までは、沖縄の立場を主張すると本土に申し訳ないとか、本土不信をいうととても誤解された。つまり本土の機嫌をとり、沖縄を救って下さいとお願いする姿勢で運動が進められて来た。

そういう姿勢の力学が、相撲でいえばうっちゃられた。私は〝うっちゃりの力学〟というんだけれど、「お前たちは帰って来たいか。じゃあ、どんな形でもいいんだな」というふうに、本土の保守勢力が、沖縄のエネルギーを利用してうっちゃったという側面がある。

大江　それはそうだと思う。またそれは僕なんかのように、本土で復帰運動に呼応して何かしたいと思って

アジアの中の日本人

沖縄返還を前に

対談

大江健三郎氏
大城立裕氏

沖縄こそ日本の顔
文化の独自性考えるべ

まず自立の精神を
西洋への劣等感たち切

「沖縄タイムス」1971年1月1日付

いる人間自身の欠陥でもある。しかしたとえば復帰運動をやっている人たちが、結局本土に対する態度を次第に変え、沖縄の人間対本土の人間の対立という形も恐れることなしに、少しずつ前に進んでいったということはあるのではないか。

大城　幾分おそかったという感じがしますけれど、正しい変え方だと思います。

沖縄焦点に道二つ

大江　沖縄の復帰運動には連続性があった。本土政府にどんなにゆがめられても、施政権返還を実現する力が復帰運動にあった。

ところが今度は、沖縄選出の議員も国政に加わっていることだし、あとは本土の一つの県として考えていこうということが建て前として出てくる。現実には沖縄に対する差別的な政策をとる。つまり沖縄の問題は日本全体の問題であるという、これまで沖縄復帰運動が持っていた方向づけが現実の場から失われていく危険があると思う。

大城　沖縄の復帰が日本にとってどういう意味を持つかは、これから先、広い意味で日本文化に沖縄の側からどれだけ貢献するか、から決まってくると思う。

大江　僕はアジアの問題を、七五年くらいまでの展望で考えてみて、どうしてももう一度沖縄を正面から考えないと、日本人のアジア認識がますますゆがんでくる。本当にアジアの一環として日本人が生きていくためには、一番本筋の道と危険な道とが沖縄を焦点に現われている。

大城　それは戦略的なだけでなく？

大江　ええ、悪い方向は戦略的ということですね。いままで沖縄の人間、日本の人間が直接の自分の意志で積極的に戦争基地を提供しているとは思ってなかったのに、今度は明らかに日本人の責任で基地を提供する。アメリカ人が軍備を持って威迫しているところに、今度は自衛隊がはいってくる。日本人が一つの脅威としてそこに現われてくる。そうすると、沖縄返還がアジアに緊張緩和をもたらすのではなくて、いままでのアメリカ人に対する敵意が、沖縄の市民を含めて日本人に対する敵意に変わっていくだけでしかないだろうと思う。

これから日本がアジアに対して働きかけていくには二つの方向があるでしょう。一つは猛烈な額の経済投資——それは東京からアジアへ向かう働きかけ、もう一つは、沖縄を拠点に、沖縄が平和的に存在しうるようにアジアに働きかけることです。現に政府が進めていこうとするのは第一の方向で、その場合沖縄はアジアから除外される。いままでは沖縄がアジアと日本の中間にあったけれども、今度は完全に東京—アジアという政策の中で沖縄をものをいわぬ肉体の一部分に取り込んでしまう。それに対して、アジアから見れば、沖縄こそが日本の顔だ。

自立の態度が衰弱

大城　私は〝本土復帰〟ということばがきらいなんです。前は〝日本復帰〟、〝祖国復帰〟だったのに、両三年来、本土復帰ということばが出て来た。しかもこれは沖縄の方からいい出したのではなく、本土側がいい出した。このことばは一面には沖縄を本土に従属させてしまうイメージを伴う。沖縄の復帰はあくまでも日本復帰で、その場合の日本は、戦後二十五年間の日本ではなく、あるいは琉球処分以来の日本ではなくて、新しく沖縄問題というものを通って来て成長したところの日本である。

大江　沖縄の人間の自立が日本の人間の自立とならなければいけない。日本の人間の自立がアジアの人間の自立にならなければいけないことは、はっきりしている。しかし日本人に、そういう考え方をする態度が非常に衰弱している。

戦後の憲法で何が最も守られなかったかというと、もちろん戦争放棄条項もあるけれど、地方自治だと思う。地方自治の本旨とは何か――すなわち沖縄が自立するということだ。

東京の人間が、ちゃんと自立していくためには、沖縄の人も自立しなければいけない。しかし、そういう態度が日本人にはない。本当は日本政府が非常に危険なことをする場合に、地方で自立しているある政治集団、政治団体、自治体が、これに対して否定の動きを起こせるということが民主主義だと思うのだが――。

大城　人間の精神としても、「中央」に右へならえするような精神をまず反省しなければならない。その点沖縄はとても弱い気がする。なんとなく本土、歴史的に使われてきた表現でいえば大和ですが、それに文化的になずんでいく。復帰後はそれが急テンポで進むんじゃないか。ひいては自分の主体性喪失にまでつながっていくのではないか。

大江　日本ではいま自分が自立しているとの感覚はあまりない。自分の文化の独自性というものを考えている日本人は非常に少ない。一種の夢のような、マスコミに作られた文化のイメージがあるだけで、元の文化的な自立の根っ子を日本人全体が失ってきている時代がいまだ。それを回復するためには、アジアの人間としての基盤を、政治的にも文化的にも見つけなければいけない。その時、沖縄における沖縄文化を自立的に考えようという態度が一つの教訓になる。

大城　沖縄への差別には、その源に日本全体の西欧崇拝があったと思うし、また沖縄では本土への劣等感と沖縄内部の離島への差別が同時にあった。それらは同時に解消すべきだし西洋への劣等感を断ち切って、独自の文化エネルギーに目ざめるところから始めればならない。沖縄問題がそういう考えを起こさせる契機になれば、二十五年の悲劇をプラスに転ずることになるのではないか。

大江　日本文化に多様性を持たせなければいけない。一つがつぶれれば日本全部がつぶれるというのでなく、非常に多様なものとしてアジアに、ヨーロッパに向かっていかなければ危ういと思う。沖縄文化がその多様なものの一つとしてはっきり存在を主張する、そして本土の人間が触発されるということが必要だ。

大城　それにつながる考えを打ち出した二人の作家を思い出す。一人は島尾敏雄さんで、ジャポネシアという概念を考えている。つまり島々からなる日本という考え方です。もう一人は木下順二さんで「沖縄」という戯曲、あれは今日いわれる本土への系列化、文化的にいえば本土的なるものへ、沖縄的なるものが埋没することへの警告を発している。それを沖縄の復帰に向けて、沖縄のためだけではなしに、日本文化全体の問題として考えていいんではないかと思う。

公害のジレンマ

大江　日本政府あるいは日本の産業が、こんなに地方で自立するものを踏みにじっていくか。沖縄で中城湾周辺に、石油精製工場群が出来上がった。すでに公害が発生するだろうと公害学者が予見せざるをえない状態が起こっている。

公害は産業発達のために避けられないゆがみだという奇弁があって、どんどん公害が発展する。遂に公害に現場で抵抗しなければならなくなった人間の声がだんだん広がり、批判が出て来るのに二十年かかった。ところが今度沖縄では施政権変換が決まった瞬間に、二十年前の考え方がそのまま取り入れられ、本土の政府、企業は公害のことを考えずに、工場を持ってくる。

大城　それをチェックするのは沖縄側で考えねばいけないことだ。ただ私はジレンマのようなものを感じるのだが、とにかく復帰に向かって沖縄は工業誘致をして、基地経済に代わるだけの、生活水準を落とさないようにせねばならないという、あせりのようなものがあった。それでうっかりすると公害の心配を無視してやりかねないので、気をつけなくてはいけない。

大江　それをアジア全体に広げていけば、日本人は、結局自然を破壊する、生命を破壊する、そして毒や害のもとをどんどんまき散らしていく人間としてアジアで認識されるのではないか。戦争で行なったと同じような破壊をアジアにもたらしていく人間として、産業面でも捕えられるのではないか。そうなるとアジアで日本人が、まともに生きていく道を閉ざされるのではないかという気持ちを強く持つのですが——。

大城　西洋に対する劣等感があって、追いつけ追いつけで、そうなったように、沖縄も、本土に追いつけで、何か似たような感じがして、気になりますね。

大江　アジアの旅行ガイドを読んでいると、どこに行っても日本人は夜おそく歩いてもあぶなくないなんて書いてない。ただ一カ所台湾は治安が非常にきびしいから大丈夫だと書いてある。日本人はアジアで、友情において、人間の理解において安全を保障されているのではなくて、戦時体制の警察国家の、警察に守られて初めて安全だという。ほんとうに先細りだと思う。

大城　やっぱり「文明幻想」から抜け出ることが先でしょう。文明幻想の一環としてスピード信仰がある。スタイル信仰もあるし――。

大江　科学信仰がある。

大城　それを捨てることが七〇年代の一つの課題ではないだろうか。

大江　一九七〇年を一年間生きてどうだったか。非常に暗い材料が多い。今まで日本という国家は、起き上がりこぼしみたいに、いろんな危機に見舞われながらも立ち直って、なんとなく経済的に発展していく国、そういうことを根本に信じる理由は全くないのに、それこそ安定中毒というか、経済成長中毒というか、根本のところで安心しているところがあったのではないか。七〇年代の先行きを考えていくと、今度こそ日本の終末、日本人の終末がくるのではないか。

大城　私も実はそれは感じます。大江さんは東京から沖縄に来ることで覚せいする契機になるかもしれないけれど、沖縄そのものの中に住んでいるわれわれは、ほんとうに慢性的にマヒする条件が備わっているのでこわいですね。

沖縄、アジアの窓口

大江　七〇年に、人間が進歩の名において作り上げてきたものが、人間そのものを破壊する、その現象として公害が、非常にはっきりしてきた。それは結局何によって償われるのか――新しい科学によってではないと思う。一つの科学がもたらした害を、新しい科学の進展で穴埋めすることはもう出来ない。それでは何かというと――人間そのもの、自然そのものに対する人間の挑戦として、科学があったと考えてよいのではないか。そこで神様の作ったものに対する根本的ない（畏）敬の念、人間は自然と一緒なのではないかという考え方、反省が根本に行なわれないとだめだと思う。

科学そのものへの根本的な疑い。それが人間に対する新しいそ（蘇）生、新しい人間回復、人間復興というものをもたらすと思う。

大城　歩き方が非常に大マタすぎて、先の方がヨーロッパ水準まで届いているが、あとの方の取り残された末端の民衆生活がある。歩幅をもっと縮めなければいけない。

大江　そういう反省は、やはりアジアの中の日本、沖縄がアジアの窓口であるような日本を見つめ直すところから始めるべきなのではないか。

大城　沖縄は本当に本土べったりを卒業して、もっと自立した精神を持つべきだ。それが七〇年代の沖縄の課題だと思う。

大江　それがアジアで生きようとする日本人の課題に重なると考えます。

大城　その面に沖縄から貢献すれば、沖縄の戦後はむだではなかったということになると思う。

【付録1】

対談　復帰と沖縄の文化　大城立裕・谷川健一

（『沖縄タイムス』1971年2月23日～3月2日掲載）

大城　たびたび沖縄へいらっしゃっているようですが、これで何回目ですか。
谷川　四回目ですね。
大城　はじめ来られたのは…。
谷川　二年前のちょうど今ごろで宮古で大城さんとお会いしました。
大城　あのときがはじめてだったんですか。
谷川　ええ。
大城　あのときはとくに宮古を目的にいらっしゃったんですか。
谷川　いいえ、別にそうじゃなかったんですけど、沖縄の全体的なイメージをひとわたり見ようと思いまして…。で宮古へ渡ったころ大城さんと一緒になったわけです。あのとき私がしゃべったことを大城さんが覚えていて、この前の私の本の書評に引用してありましたが、まあ、最初は沖縄の独立輪を考えていたんです。でも宮古の子供たちの寂しげな風景をみて、やはりこれはもっと大きなものにつながらないと、宮古だけではどうにもならない、という置き去りにされた島の印象を強くしたんです。
大城　ああ、あれは沖縄ということではなくて、とくに《宮古》のということを言ったわけですか。

谷川　そうです。
大城　私はまた沖縄人全体のことを言ったのかと思いましたが…。
谷川　結局は同じことになりますけれどもネ。
大城　あのときは実はおっしゃっている言葉の意味がわかりにくいままに印象にとどめていたんです。もう少しそのあたりにつけ加えて話を広げていただくとありがたいんですが…。
谷川　そうですね。その後本土復帰の問題が熟すにつれて、問題が出てきたし、新たな考えもありますが、やはり本土に復帰しない限りは現実には沖縄の島々がどうにもならないということははっきりしていると思う。しかしいうなれば精神的独立といいますか、このことはますます強化していかなければならないと思います。島尾さんあたりがヤポネシアということばで琉球弧のイメージを話しているわけですが、私がこのごろ考えているのは、琉球弧のなかでももう少しそれをこまかく見ていく必要があるんじゃないかということです。
たとえばいま反復帰論が論じられていますが、反復帰論というのは、復帰が現実の日程にのぼった時点においては、思想の問題として当然であり、復帰に賛成するというのはもう思想にならないわけです。要するに思想は、根に〝ノー〟というものがなければ、その基盤を持たないということからすれば、沖縄のかかわりあっている問題というのは、その土台に〝ノー〟を置いて考えていくほかないし、そこから思想を構築する必要が出てきていると思う。
それでその場合に、反復帰といいますと沖縄自体が全体として反復帰の姿勢をとるだけでなく、たとえば先島は沖縄本島に対して反復帰する。さらに宮古と八重山は、別々に反復帰をとる。また宮古のなかでも属島の大神、来間、伊良部、多良間だとか、八重山の場合は竹富、その他のパナリ（離島）は、その本島に対してそれ

対談する谷川健一氏（右）と大城立裕氏

ぞれ反復帰をとる、というかたちで極限まで反復帰の精神を貫いていった場合に島は共同体的なコンミューンのようなものを持っているから、それらの島のつらなりが一つの連合体として、たとえば琉球・沖縄連合共和国でもよいし、あるいは精神的な意味においてですけれども、そういうかたちでの集合体として浮かびあがってくるのではないか、と思うんです。

ですから、単に本土から切り離されて沖縄がまるごと精神的に独立をするという意味あいだけでなく、沖縄のなかでもさらにこまかい独立のあり方を求めていくことが大切じゃないか。でないと沖縄本島のエゴイズムが先島に転嫁されたり、先島のエゴイズムがパナリ（離島）に転嫁されたりといったかたちになると思う。

沖縄の持つトータルな力点というものが不安定なかたちで移動しているように思うんです。ですからたとえばパイロット訓練場のように（それがいいか悪いかは別として）沖縄全体としては必要だが自分のところでは設置したくないといったかたちで、沖縄のために先島に持っていくというように、絶えず重点が移動させられているのではないか。

だからもっと島々を個別に細分化してこれ以上は不可分だとい

う単位まで下りていき、さらにそれを結び合わせるのが琉球弧であり、ヤポネシアであり、沖縄の精神的な自立であり、独立だと思うんです。

したがって沖縄のもつアイデンティティー（主体性）というのは、やはり〝ノー〟ということばのうえに構築していく必要があるんじゃないか。単に沖縄の主体性というだけではあいまいになるだろうと思います。

大城　主体性ということばだけではわかりにくい。具体的にいうと〝ノー〟ということだということですか。

谷川　そうです。ですから、戦後はかなり主体性をもって運動したと思いますけど、結局は本土に食われてしまいましたですね。

大城　ところがしかし戦後沖縄の運動は一般に〝ノー〟という姿勢で一貫してきたようなイメージがあるんですね。ただそれが私の見方ではアメリカに対しては〝ノー〟であるが、本土に対してはそうじゃなかったということです。

その辺が沖縄人の体質のパラドックスとして非常に面白いと思うんですが——。

谷川　ですから、主体性の根に〝ノー〟がなければならないということは、いまおっしゃったように本土に対して〝ノー〟がなかったばかりに本土復帰のときに泣かなければならなくなってきたと《ママ》ですから…。

大城　本土に対する〝ノー〟はあるようでない、ないようであるといった感じが私はしています。谷川さんから見てどうですか。

谷川　それは総体として沖縄の重みをかけたかたちで〝ノー〟といっているということは本土からみるとよくわかります。ですから沖縄で起こっているいろんな現象——コザ暴動もそうですし、全軍労闘争もそうですし、あるいはもっとフォークロアミック（土俗的）な問題でもそうですけど、その存在自体が本土からみると鮮やかに違いをもって浮かびあがってくるんですね。ですから琉球弧、沖縄の姿は離れてみると鮮やかにはっきりとみえてくるんです。

大城　…まあ、出発に〝ノー〟といわなくちゃならんでしょうけど、さて、ところが戦後の沖縄の運動をみていますと、ノーといっているうちにそれがウラ切られてくるという状況が出てくるんですね。そうしますとオールタネティブ（代替物）がどうなるかということです。あとは何もなくなることがありました。ですから〝ノー〟というだけで処理して…。

谷川　私は〝ノー〟は出発点であって結論ではないと思います。どんな思想も何かの否定に立っていますし、ですからその意味ではかならずしも体制に対する反逆とか反抗ではなく、思想の本質として〝ノー〟が土台になるということです。しかし、それはあくまで土台であり出発点であって、そのうえに構築するものは〝ノー〟に対する対立物として出て来なければならない。そこに沖縄の思想的な課題が第二段階として出てきていると思うわけです。

大城　第二段階として〝ノー〟のつぎに何を出すか、ということが問われているという前回の谷川さんの話でしたが、さて何を出したらよいのでしょうかな。

—谷川さんから〝ノー〟を土台にした思想の構築ということが出されたのですが、その〝ノー〟は対アメリカとか対本土というように、対外部的に話されてきたように思います。そうした対外部的な〝ノー〟も大切な意味を持つでしょうが、それとは別にたとえば沖縄内部の問題として、文化の質とか、沖縄自体が歴史的にかかえ込んだもののなかに〝ノー〟と否定すべき要素も多分にあるのではないかと思います。そうした沖縄内部における〝ノー〟の部分や要素がはたして正しくとらえられてきたか、という面でも問題があると思いますがどうでしょうか。

谷川　ええ、それはたとえば国学の問題があると思うんです。沖縄学というのは沖縄の国学だと思います。本土の場合の国学というのはそれぞれの継承を持ちながら、それを発展させた人のユニークな性格というものが出ているわけです。ところが沖縄学というのがはたしてそうした前段階に対する否定的な継承をやっているかどうかについてはかなり疑問を持っています。沖縄学は単なる系統《マ》樹あっ《マ》て発展しているだけではないかということです。ですから沖縄学のはじめにおいては、まあ伊彼さんが沖縄学の父といわれているんですが、そのときは知識と思想が雑然としたアマルガム（合成物）なものだったと思う。それがだんだん知識が精緻になるにしたがって、思想が分離していくわけですが、その場合でも思想が知識にあたえる方向性というものは全然変わらなかったのではないか、ということです。そういうことがいま伊波普猷の問題として、つまり本土との同質化問題として論議されているわけですが、その辺がどうも私としてはまだ合点がいかないんです。

大城　合点がいかないといいますと、いまの論議についてですかそれともこれまでの沖縄学の伝統についてですか。

谷川　沖縄学の伝統に対してですね。もう少しそれは自己否定的な内部律をやはり持つ必要があるんじゃないか。単にのんべんだらりと視述的なかたちでやっていけば、結局訓詁註釈の学になってしまうと…。ところが私なんかたまたま沖縄に参りまして、あちこちまわっていますと、実に広大な時間と空間のなかに庶民の生活が、まるで原型質のようなかたちで生き生きと動いているのを感じるのです。しかし一方、沖縄学というのはしなびたナツメかなんかのような状況になって、漢方薬のにおいがするような感じがあります。生き生きした庶民の姿がちっとも沖縄学のなかに吸収されないという現状にきているのではないか、いわゆる動脈硬化みたいな現象が沖縄学のなかに起こっているのではないだろうか。そしてその原因のひとつとしては思想の方向性を一定化して、それを疑わなかったということにあるし、もうひとつには知識というようなものをいわば思想の代弁者というか、代償作用としてきた面があったということだろうと思います。たとえば学者（ガクムナー）といった知識人が沖縄で尊敬されるのは結構な話ですけど、しかし学問をする知識人と、思想を生み出したり持ったりする思想家というのは本質的に違うんじゃないか、ということです。そこらあたりがどうもはっきりしていないんじゃないか――と。

大城　つまり平たく世俗的にいえば、伊波普猷に対して大先生としての盲目の尊敬が伝統的に沖縄の社会のなかにあったということですか。

谷川　ええ、それは伊波普猷のみならずその後を継いだ他の沖縄学者たちに対しても、たとえばおもろの思想とおもろの文献学的な追究が同義語みたいなかたちで疑われてきていないのではないかという感じがするのです。

大城　それはなぜかということですが、単に偉い学者だったからだということだけでもないような気がするのは、彼が沖縄人の誇りというようなものを研究テーマにしたわけでしょう。そういう研究テーマ自体に対する沖縄人自身の愛着とか尊敬といったものがあるせいではないかということですね。

谷川　それはよくわかりますね。

大城　だから問題は、さっき編集者からあった沖縄人の体質にあるものに、私は近ごろ〝ノー〟をつきつけたがっているのです。つまり自己分析の姿勢が伝統的にないし、そして自己愛――ナルシシズムが絶えず前面に打ち出されてくる。それがいまおっしゃったような沖縄学に対する盲目の視述姿勢と関係しているように思います。

谷川　だから反復帰というのは本土に対する反復帰であると同時に沖縄の過去に対しての反復帰でもあると思うんです。つまり沖縄が二度と同じ道を歩きたくないという過去に対しての反復帰として考えるならば、沖縄はもはや過去に戻れないという姿勢が当然なくてはならない。ところがたとえば謝花の評価なんかでもまるごと偶像化してしまいますと、どうしても過去の次元へ同質化するという現象が起きてくると思います。しかし沖縄のおかれている現状としては、きょうもあすも歩かなくてはならないし、振りかえってはならないといったきびしい条件のなかに踏み出しているわけですから、過去の次元への同質化作用については警戒する必要があるでしょう。

大城　そのことは今日の時代においてまるごと謝花的なものだけでよいのかといった自己反省にもかかわってくるわけですか。

谷川　そうですね。それは当然そうだと思いますし、もう謝花の時代に帰れないんです。ですから帰れない、振り返ったら反復帰思想はなくなるという、そこの原理的問題をおさえていく必要があると思うんです。

大城　いまおっしゃったことは非常に面白いんですが、その反復帰がイコール独立論であっちゃいけないと思うんです。もはや明治以前の独立国の形態に戻れる由もないわけですね。そういう意味では過去に戻れないということは歴史構造を掌握する上でも大事な視点だと思います。でないと生きた思想は生まれない。

谷川　大城さんがおっしゃるように、もう少し自己分析によってナルシシズムから脱却し、沖縄をまるごとに呑みこんでしまうのではなく、もっとこまかく具体的に分析し、眺めて、つながりにくいところを単に心情的につなげようというわけではなく、つながりにくいところはつながりにくいというかたちではっきり認めたうえで全体的な共通性をそこから抜き出していくという姿勢が必要になってきているのではないか、ということです。

――戦後、沖縄の芸能文化をはじめさまざまな文化財の発掘や再評価がなされ、ひとつの高揚期を築いてきた感がありますが、ただ今のお話とも関連して、それは極言すると盲目的なナルシシズムをもっていたように感じられます。戦前の差別政策と沖縄自体の自己卑下から、それらの伝統文化は不当な扱いをされてきたわけですが、そうした歴史過程に対する一種の反動作用としての現象だという見方もあります。

戦争の瓦礫のなかから、それらの文化を掘り起こし、再興したことは大変な作業には違いなかったでしょうけど、今日ではそれが一種の惰性的な傾向をたどってきており、伝統文化総体のうちのいずれが、どういう価値を持ち、いずれがダメかといった価値選択がないがしろにされてきたように思います。

その点、復帰と関連して、ダメな文化は滅びさせ、価値のある文化は発展させることが考えられなければならないと思いますが、そのへんの問題についてはどうでしょうか。

大城　しかしダメな文化を捨てるというんですが、捨てる作業というのはどうだろうか。むしろダメな文化なら自然に滅びていくだろうし、それよりもこれからの歴史を私たちが創造的に生きるために歴史のなかのどのエネルギッシュなところを強調していくべきかを見た方が手っとり早いのではないでしょうか。

谷川　そうですね。沖縄のエネルギーが具体的にどのようなところに現われているか、ということですね。

大城　たしかに編集者から出た選択的継承は必要でしょうけど、まあ結果としては選択的な受けつぎ方になるでしょうけど、当面受けつぐ主体の行動としては、力のあるのをそのなかから拾い出すということにしかならない。

　実は私が具体的な問題で興味を抱いているのは、沖縄の郷土芝居が滅びるか滅びないかということです。都会生活をしているものの目からしますと、あれは現在ひん死の状態にあります。劇団はほとんど解散して、わずかに沖映館が従来とは変わったスタイルで受けついでいるにすぎない。

　それは一面からみれば、テレビ文化に食われて滅びつつあるといえます。ところで、古典芸能とは別に、明治時代につくられた郷土芸能のなかに文化的なエネルギーがないからそうなっているのかということです。しかし、疑問に思うのはたとえば農村ではそれらの芝居は高くかわれているんです。

　農村だけでなく都市のいわゆる草の根の庶民には陰然たる力を持ち続けているのです。ひるがえってその郷土芝居を否定的に考えようとすれば、明治時代にそれが出来たとき、古典劇の伝統に大和（ヤマト）の壮士芝居や新派、歌舞伎やらからごちゃごちゃに影響を受けて方言による郷土芝居のスタイルが出来たわけですが、それが沖縄の文化の核（コア）に密着していなかったから滅びつつあるのか、そのへんがわからなくて興味をもっているんです。ですから非常に誤解を受けるいい方だが滅びる態のものだったら滅びていくだろう。滅びないものだったら滅びないだろう、といった感じがするんです。

　あれを生かしきるには、もっとプロデュースをはじめ、役者の勉強、作品内容の勉強に積極的に取り組むことであるいは滅びないように出来るかも知れない。作品内容はほとんどヤマトの大衆雑誌からの焼きなおしなんです。焼きなおしても何となく沖縄の地膚というのは出ているところはあります。

　そのへんのいろいろの要素の兼ねあいがおもしろいのですが…。

谷川　そうですね。なんかいろんなものがはいっていて、ははあここはこうだなという感じがして楽しみながらながめられます。

ところが私はフォークロア（土俗）に興味を持っていますし大城さんもフォークロアを主調として小説を書いていらっしゃるんですが、沖縄のフォークロアの問題は一度皆が徹底的に考える必要があるんじゃないか、と思います。

得てして沖縄の人の間には一般にフォークロアに対するアレルギー反応みたいなものがあって、後進的な残留現象への関心といった受けとり方をしているむきもありますけど…。

大城　ユタ退治とかね。

谷川　そう、そしていきなりユタは迷信だといってしまうとかですね。ところが私は宮古でみたんですが、毎日海岸でユタに海上安全の祈りを頼んでいるんですね。自分の息子が修学旅行で多良間へ出かけたとき遭難しそうだったとかで、感謝祭をするし、また自分の亭主が沖縄航路の船長になっているからお祈りをするといったように。要するにユタというものが精神的なよりどころになっているんじゃないか、という気がするんですがそのあたりはどう…。

大城　ですから、私から伺いたいと思っていたところですが、皮肉な言い方をすれば、沖縄の文化のなかで一番変わらずに続いているものはユタだけだろうと思うんです。あれは五、六百年前から昔の摂政、三司官が禁じているし、取り締まりはきびしかった。いまは別に取り締まりはありませんが…。

谷川　一種の魔女狩りみたいなものだったんですね。

大城　蔡温も羽地朝秀もあれを禁じたんですが、延々と続いてきている。そうするとあれにいかなる存在意義があるのかと…。

谷川　だからやはり、これは暴論になりますが、ユタというのは方向を指示する力を持っているんじゃないか、沖縄のもつ不安定な生活とか歴史の変動のなかで、ユタが日常生活のなかで、ひとつの方向指示器となり、それによって沖縄の人々はかろうじて精神の平衡を保ってきているのではないかと思うんです。そう考えますとユタは単なる迷信というものではなく、もっと違った歴史的な意味において見なければならないし、また折口信夫がいうように、ノロとかツカサよりもユタの方が古いんじゃないか、という見方も当然考えてみる必要がある。とすれば古代的なものが現代においても沖縄では脈々と続いているし、しかも現代的なスタイルでそれが信じられているという感じがするんです。

大城　するとユタ肯定論になりますか。

谷川　私は沖縄がいろんな文化的施設が貧しく、たとえば医者が少ない、精神的にも物質的にも恵まれないとか、といった状態のなかでいくらユタを攻撃してもはじまらないと思うんです。ですから決してそれは肯定ではありませんけど、それを抹殺したところでそれに代わるものがないんですね。

大城　そこは具体的な政策論としては大事なところですね。

―そのへんの問題で、過去の文化総体に対して、それぞれ個別にこれはこの意味で価値があり、これはどの意味で価値がないといった判断が明確にされる必要はないか、ということです。

大城　ユタを否定するのは比較的文化施設に恵まれた人ですね。教育も受け、医者も近くにいるといった文化的に恵まれた人は否定しやすい。じゃユタに頼らざるを得ない人々をどう救い出すか。そこからユタの存在のマイナスをプラスに転じる政策論が出てくると思う。

谷川　そうですね。

大城　文化のマイナス面をストレートにおさえようとしたって仕様がない。つまり病気を直すには抵抗素をウラ側からつくらなくちゃならないという気がします。

谷川　そうですね。だからクリ舟しかないところでいくらユタをなくせといってもはじまらない。

大城　離島にユタがはびこっているとすれば、それを助長するような文化的な貧しさをカバーする政策をたてるということですね。経済も含めた広い意味の文化の貧しさを克服する…。

同様に、さきほど谷川さんがおっしゃった〝ノー〟ということですが、戦後の沖縄が〝ノー〟ばかりを強調しすぎて、それに対する内側からの抵抗素をあまり考えなかった面もあるという気がします。

つまり外部に対して否定するばかりで自分の文化的エネルギーを育てなかったと。このことは反復帰論にもつながりますが、たとえばヤマトからの差別といって、それへの抵抗の姿勢ばかりとりますが、相手が差別し疎外してもかまわないというだけの自分の文化エネルギーを育てれば、乗り越えるのになにもむずかしいことはないと思うんです。

谷川　ですから〝ノー〟の〝ノー〟ということが大切だと思うんです。ヤマトすなわち外部に対する〝ノー〟を発するものを、いまひとつ乗り越えていく〝ノー〟が必要であり、そのためには内部的なものを子細にながめていく凝視力、分析力が必要になる。

ヤマトに対する〝ノー〟だけならば内側は空白であってもかまわないわけですが、しかし〝ノー〟の〝ノー〟ということになりますと内部矛盾をどう克服していくかにつながらざるを得ないし、したがって内部矛盾の凝視が必要になってくる。たとえば先島の場合を考えてみますと、先島の歴史を、先島の教職員がどれだけ深く教えているか、ということです。その点では私は大いに疑問をもっています。

先島に生きるためには、先島の歴史を知らなければ、先島の価値というものはわからないわけです。単にこれまでの保守反動的なものに対する〝ノー〟だけでは仕方がない。ところがそれが、沖縄は戦後二十何年たっていますけど、沖縄の内部社会にそうした運動というか、考え方が芽生え、受けつがれ、そして実っているかというと残念ながらそうではない。外部から来たものにはそう見えますけど大城さんいかがですか。

大城　ええ、そういう〝ノー〟の思想がはじまったのはここ一、二年来じゃないですか。最近やっとはじまったばかりでこれからだという気がします。それを発展させるのはこれからの沖縄の思想の楽しみだと思います。

一部の思想的に勉強している人はかなり熱心ですし、見込みがあるような気もしますが、ただヤマトに対して何となくのあこがれがあってこれは否定できないものがあると私は見ています。

ですから反復帰も単なるヤマトに対して背を向ける姿勢だけではかならず裏切られるという気がするんです。それよりも自分の内の文化的抵抗をつくるのが先決だと思うんです。

大体、沖縄の歴史の一番不幸は何かといいますと、昔からヤマトへのあこがれがあったが、薩摩入り後政治のうえで裏切られた。つまり内臓では依然としてあこがれをもっていながら皮膚的には恨みを抱いてきている。この引き裂かれた意識が沖縄の一番の不幸の根源だと思うんですよ。

谷川　それは当然、日本人論とか沖縄論のひとつの主題となると思いますが、そうしたヤマトへの憧憬が裏切られることは歴史的にどういうことになるのか、というと一種の心的障害として内部にずっと沈潜していく。それが沖縄の歴史にずっと伝わってきたのだと思います。

こんど沖縄の戦闘記録を読んで沖縄の人たちがそうした心の傷をどれだけ耐えながら、戦後この方をやってきたかということをはじめて知って感動もし、衝撃も受けたんですが、この事実は是非とも帰って紹介したいと思います。沖縄の人たちの抱えている沈黙の内容的な重さは、ヤマトの人間がほとんど推測できない深みにはいっている。アメリカ軍からも友軍である日本軍からも両方から裏切られてきている。その裏切られた気持ちを心の底に秘めながら、戦後二十数年やってきた心情的□□（判読不能）を土台においてみなければ、沖縄の戦後史は理解できないし、またそれを見れば理解しやすい面が出てくると思います。

大城　ところで近ごろ、沖縄と未解放部落の差別問題が同じであるかどうかについて新聞で話題になっていますが、それについてはどうお考えですか。

谷川　要するに天皇制を頂点とした身分制の最底辺として部落というのはつくられたのですから、垂直的構造の底辺だと思うんです。一方沖縄の場合は距離が遠いという水平的空間の構造によって、沖縄というのはどういうところなのか、といったわからなさからきた差別意識であり、そこが違うように思います。

大城　私たちの心に則していいますと、むしろ沖縄への差別というよりも疎外といった方が適切だと思いますが、これは沖縄人自身が自分に誇りをもつことによって自然に解消できる、というよりも問題にならなくなるという気がしますが、ただそれが未解放部落の問題と同じであるかどうかについては向こうの差別の実態を知らないので比較できないでいるんです。

同じであるか違うかということよりも、むしろ私たちの方では、向こうが沖縄を知らないということへの批判も必要かも知れませんが、それよりも内部的な抵抗素を培うことによって解消することが可能なのではないか、という気がしているんです。

——ただいまの差別の問題と関連して、たとえば大田昌秀さんの本の題名ですが、戦後、醜い日本人というかたちの告発や批判が出たんですが、それを逆に考えて醜い沖縄人という視点をとった場合どういうことが考えられますか。

大城　醜い沖縄人というと沖縄人同志《ママ》の対立ということですか。

——もし醜い日本人というものがあるのでしたら、その醜さを成りたたせてきた沖縄内部の要因もあったのではないか、ということです。

谷川　そうですね。沖縄の人の弱さとして感じるのは事大思想というか（これは大城さんのご意見があると思いますが…）そういうのがあって、ものの本質というものを見きわめたうえで、その核心に自分を従わせるのではなく、どうもものの表面に目をとられがちなところがありはしないか、と思うんです。ですから大城さんがお書きになっていたように、たとえば学生運動においてヘルメット、覆面であれば、すぐその姿を真似すると。これは事大思想だと思うんです。

それから本土の教祖的思想家が異族の論理といえば、それしかいわない、とあると、それも事大思想だと思うんです。そういうふうにその対象と自分を対決させるということがなくてすうっと安易にはまってしまう。そういうのがものの本質を見きわめていく凝視力を弱めているんじゃないかと思います。これは外部から来た人間の発言でそれなりの異論はあると思いますけど…。

大城　事大思想の問題が出ましたが、沖縄で事大思想といわれているものが、ほんとに事大思想であるのかあるいはヤマトに対する憧れであるのか、その辺の境目ははっきりしません。事大思想というよりもヤマトに対する憧れが根底にあると思うんです。

たとえば事大思想とだけいえばまあ自分でいうのは口はばったいけど、私くらいの地位が出来ると私に対する事大思想がたしかになかにはありますが、学生たちのような若い層においてかなり批判もあるわけです。すると事大思想とだけ片づけられないものがあると思いますが…

谷川　若い人たちが大城さんの考え方に批判的な精神を持っているということですが、その批判の尺度が自分のなかの原理によってつむぎ出したものであるのか、あるいはほかの尺度を持ってきて批判しているのか、そこのところに問題があるでしょう。

大城　そういうことはあるでしょうね。

谷川　たとえば東京文化というのがヨーロッパやアメリカを向いてきたし、現在も向いているわけですが、それをこんどはさらに縮小したかたちで那覇は東京の方を向いていると思うんです。そしてさらに先島の宮古や石垣は那覇を向いている、といったベクトルがあると思いますが、これをひとつの事大思想と呼ぶならば、そのベクトルをひっくり返すいまひとつのベクトルが必要だと思うんです。それを事小思想と呼んだらどうか。つまり大なるものにつかえるのではなく、小なるものにつかえるという…。大は小につかえなければならないというように…。

大城　しかしそれは実際上見込みありますかな。

谷川　私はやはりそういうふうに逆手に取った人間だけが思想になる力を持つだろうと思います。つまり風向きに従ってものを考える人間は思想を担う能力が欠除《ママ》しているのであり、風に逆らって思想というのは形成しなけりゃならないと…。

大城　谷川さんが一貫しておっしゃっていることは、たとえていえば《島を守れ》という表現でいえると思います。孤島苦を解消し島を貧しさから解放することが大きなものに抵抗する力となるということですが、たとえば島の過疎化にどの程度の歯止めができるかが問題だと思うんです。このことは現実の文化政策になっています。

谷川　極言すれば歯止め策はないでしょうね。過疎化は必然的な現象であって、沖縄のみならず本土の辺ぴなところもすべてそうであり、過疎化に対する現実的な有効策というのはないと思います。したがって歯止め策を現実的にどうするかを考えるよりも思想的次元で考えていく必要があるでしょう。で、大城さんがこの前おっしゃっていましたが、医療や終夜灯の問題、波止場の問題などは現実的問題の側から考えるのではなく、思想的な精神的な次元の問題としてとりあげていくべきだと思うんです。

大城　たとえば思想の問題といいますと、草の根の庶民の立場でいうとどういうことになるんでしょうか。まあ、われわれは理論としてはわかるわけですけど—。

問題は彼らが悪循環的に都会をあこがれてどんどん落伍ばかりするということを、庶民の精神の落ち着きの問題としてどうするかということですね。

谷川　ですから、そのことはさきにも申しましたように先島なら先島の、またさらにそのなかの微小の島々の歴史と生活を十分理解させることで、彼らもそれに耐え得る力を持つだろうと。そしてそれを抜きにしていくら条件をつくってやっても小は大に勝てないといった都市集中化の現象があるわけですから、どの程度過疎の歯止めになるか疑問に思うわけです。

たとえばテレビがはいったからそれで幸福になるかというと、むしろ逆にテレビがはいったことによって不満が助長するといったことがあります。ですから文化的になればなるほど不便さが痛感されてくるのですね。

大城　そうなんです。そこで結局は自分の全体を正確に知ること、そのための教育から出発しなければならないということになるわけですね。

—そうした離島、辺地の場合、都市文化に対する憧憬は都市地区に住んでいる人たちが理解できないほど強いものではないかと考えられます。そういうあこがれを押しとどめることはたしかにただいまのお話のようにむずかしいことだといえます。

都市のつくられた文化のなかに生きている人たちは、自然との調和を生きている離島の人々の生き方のなかにも、ある根源的なものを見出し、それを価値として大切にしようとするわけですが、しかしそれらの離島に住んでいる人たちの場合は、つくられた文化の便利さに強い誘惑を感じ続け、そのために都市の人たちとは逆の文化的価値観みたいなものを持っているのだといえませんか。

谷川　ええ、そういえます。大城さんがおっしゃっていたヤマトへのノスタルジアなどもそれにつながっていくのだと思います。

私のいうのは少数意見かも知れませんが、全体としてはたしかにそういう不便な島を脱出して都会にあこがれるという根源的な衝動みたいなものがあるでしょう。つまり島ぬけの思想といいますか。しかし少なくとも思想を担う人間たちは、そうした離島に生きる意味を明らかにしない限りは、ますますそうした辺地、離島の人たちを都市に向かわせるのを助けるだけのことになると思うんです。

それでは仮に思想的にそのことを追求することがなになるのか、という考え方も一応出てくるとは思いますが…。

—たとえば都市文化のなかに自然との調和した生き方を失って問題になっているところが多くそこから都市

文化に対する反省が公害問題などを通じて出てきているのだと思いますが、その場合、逆に離島辺地のまだ破壊されない自然との調和を生きている状態をそのまま生かしながら、現在の都市文化のよい面を根づかせていくことが可能なのかどうかが問題になるのではないか、と思いますがそのことについて…。

谷川　わたしはこのあいだ久高島にいって感じたことですが、わずか一時間足らずで行けるあの島に実に不便で危険な生活がいまもって営まれているんですね。それを考えたとき、一体知識人とはなにかという疑問を強く持ちました。知識人は都市生活者とみてもよいわけですが、辺地の人たちはあれほど危険な日常を生きており、たとえば海が荒れているときに子供が病気したら一体どうするのか、といったように危険な生活をしいられながら黙々とやってきている。このことに対する理解を教育の力でやっていく必要があると感じましたが、それで答えになりますか、どうか。その辺のことについてもう少し大城さんの方から…。

大城　もう少し敷延していいますと、過疎化して都市生活に向かっていくのは、政治の現実として歯止め策はない。ただし地域の生活とか歴史の意味を正確に認識することが大切であり、そうすることでかならずしも島にとどめるだけの効果はないかも知れないが、島の人たちは都会をあこがれてきてもそれで満足し、都市生活に溶け込んでいるわけではなく、都会に来てなおかつ疎外感というか孤独のなかに生きているわけですから、その意味では離島、辺地の歴史や生活を教育によって理解することは、そうした孤独や疎外に対する処方箋にはなるでしょうね。

谷川　沖縄から集団就職した例によると、四年目には四人のうち三人は島へ帰っていくということです。ですからほんとに都会に憧れてきたのなら都会がいいはずなんですけど、そうじゃなくてやはり島がいいというあの人間的な判断ですね。これは沖縄の人たちが持つ一種の英知というものでしょうね。

大城　ところが先島や離島から那覇に出て来て、もう一度戻っていくという例はあまり聞きませんね。その辺は少し違うように思います。

谷川　違いますか…。

大城　ヤマトへの憧れと先島の沖縄本島への憧れとの間に差があるとすればそこだろうと思うんです。ヤマトへの憧れは都市生活…いや、でもないか。そこのところはむずかしいですね。これは取り消しだ。（笑い）

谷川　たしかに西表から石垣へ近づきますと、石垣の建て物がまるでニューヨークにでもきたように高く見えますね。

大城　石垣ニューヨーク…。

谷川　なにしろ西表は不便な生活をしていますから、そのなかから出て、都会に近づいたときの幸福感は否定できないものがあります。

大城　やはりヤマトに対する憧れはありながらまた違和感というものはあるんです。向こうにいくとそれを感じてきちゃうんですね。

谷川　それは抽象的にいいますと島に住む人の都会に牽引される力と、それから反発、斥力といったものが絶えずあるように思います。

大城　どこの島でもそうでしょうか。たとえば本土の島でも…。

谷川　ええ、どこでもそうです。これはもう島に住む人たちの宿命的な感情ではなかろうかと思います。

大城　それは基本的なフォークロア（土俗性）としてあるかも知れませんね。

――文化中枢への憧憬の問題が取りあげられてきたわけですが、それと関連して、豊かな県づくりということで臨海工業地や西表開発などのような自然の破壊と工業化が構想され、実施されてきており、その進行と並行して島的な地域文化の崩壊の問題が出て来ていると思いますが、その辺についてはどういうふうにお考えでしょうか。

大城　話の材料は少し違いますが、沖縄の墓ですね。墓の形が次第に滅びつつあります。亀甲墓とか破風墓というのはひとつには金がかかるということもありますし、もうひとつには土地を広く取りすぎる面がありますす。ですから次第に金をかけないよう小さくなってきたということが表面上はいえると思うんです。ところが考えてみるといまの人たちが、お墓の団地を買う場合の負担よりは、昔の人たちが墓をつくる負担の方が、経済的にはずっと大きかったと思うんです。そうすると大きなお墓に対する意味の感じ方が変わってきたということがいえます。つまりお墓に対する土俗信仰よりも現実生活が重視されてきたという気がするんです。そこに象徴されるように経済文明が進むにつれて土俗の重みが破壊されていっており、だからこそ臨海工業地などが抵抗なく進められているのだと思うんですね。

谷川　そうですね、イメージの抵抗がなくなってきているといえますね。だから昔の人は現実生活は小さかったが、精神生活は大きかった。つまり生活は小さいがイメージは非常に大きかったんじゃないかと…。で、それが薄れてきて現実生活が大きなウエートを占めてきたために、たとえば中城公園からの眺望をぶち壊してしまうような石油基地がつくられてくるんだと思うんです。

ああいう沖縄の歴史的な眺望をぶち壊して平然として居られる感覚というのは、イメージがなくなったからだといえます。ああした眺望を沖縄がほんとに大事にするのでしたら、ああいうところに工場をつくらせるということ自体がおかしな話ですね。イメージの喪失があゝしたことを平気でやらせるのだとぼくは思うんです。

ですから墓の問題にしても、旧暦一月十六日は後生の正月といって、折り詰めをつくり、墓の前で死者とコミュニケートするという弁証をいまもって生きているわけですが、これは本土に見られない沖縄の特徴だと思うんです。

オーギュスト・コントに《死者は生者を支配する》ということばがありますが、本土ではもはや死者は生者と縁がなくなっているんです。しかし沖縄においては死者が生者を支配するという原則がいまもって生きていることを感じたんです。それでこの間、国頭へ行ったときに名護の近くでセメント工場の粉塵をかぶった、埃だらけの白っぽい墓を見たとき、情けない風景だと思いましたが、あゝいうことに対する感覚の磨滅が、文化を崩壊させる根拠になっていると思うんです。

大城　その感覚を磨滅させないでだてがあるか、どうかがまた問題ですね。感覚が磨滅する結果による崩壊というのはどうにも救えない。つまり常民の感覚が磨滅していなければ、資本主義に対する抵抗はできるでしょうけど、そうでなければもはや不可能だということになるでしょう。例のお墓の崩壊は住民が自分に負けて、土俗的なイメージを捨てたことから来ているわけですから、そういう時代に資本主義の権力の侵入に対して基本的にどの程度抵抗し得るか、私はかなり絶望的な感じがするんです。

谷川　ですから沖縄のおかれている状況というのは決してかるくはないと思いますが、それでもそれに抵抗する根というものは本土より残っているという気がします。

本土はもうヘドロみたいな物質的公害と精神的公害がひとつに重なっていますけど…。沖縄はまだそこまで来ていない。しかし、沖縄にとってもっとも危険なことは沖縄の無垢な状態がはたしていつまで続くか、ということでしょうね。

大城　世界に門戸が通じているわけですから、そのインパクト（影響）というのは争えないものがあり、どうしても波はかぶらざるを得ないでしょう。ですから自らの本来の文化エネルギー、その値打ちに早く目覚めることが先決でしょうね。そうすれば世界の悪い波をセーブしてよい方向へ発展し得るかも知れないと思いますよ。

谷川　たとえば三島事件に対して東京は非常に過敏な反応を示したんですが、沖縄に関する限り冷静に的確に事件の意味をとらえていたと思います。それは四人に一人という割合の被害者を出した沖縄戦から出発して三島事件を批判したことからくると思います。

建国記念日にしたって沖縄にはまだないんですね。こうして沖縄で二月十一日建国記念日を迎えますと、実にそらぞらしいものに思え、沖縄の自然に合わないものに感じられるんです。そのように自分のもつ自然さによって、相手の持つ人工性の不自然さ、醜悪さを裁いていくところに沖縄の魅力があると思うんです。沖縄はことばでいわない代わりに、存在して裁いていくという感じがするんですね。（おわり）

【インタビュー1】

新川明さんに聞く

（2022年4月15日実施）

―1970年、『新沖縄文学』18号の特集で初めて「反復帰論」という名前が付きました。この経緯を教えてください。

「反復帰論」というタイトルは、当時沖縄タイムス社の出版部門担当役員だった牧港篤三さんが付けたと思う。ぼくは1969年に沖縄タイムス社の八重山支局から本社編集局に戻り、編集委員として「疎外の系譜」、「沖縄と70年代」などの紙面企画を分担し記事を書いていた。その時誰からどのように声がけがあったのか、「反復帰論」という言葉についてどう思ったのかは記憶にない。ただ、（文化事業局が担当していた）『新沖縄文学』の編集に、何を特集するかとか、編集をどうするかとか、（編集局の記者だったが）相談を受けていたような感じがするんだ。だから「反復帰論」特集も、相談を受けて、おまえも何か書けと言われて書いたのだと思う。ぼく自身が反復帰論という言葉を使ったことはなく、いろんな文章を書いているとぼくや川満信一君や岡本恵徳君、仲宗根勇君が書くものがまとめて反復帰論と呼ばれるようになった。

―復帰に向かう沖縄にいてどんな気持ちでしたか？

当時復帰といえば、みんな「血は水よりも濃い」とか「小指の痛みは全身の痛み」という言葉で、日本という国を自分たちの祖国だとみなす考え方が根底にあった。私は、同一民族であるゆえに同一国家であるべきだという考え方はおかしいのではないかと思うようになっていた。

なぜウチナーンチュが自分から進んで、国家という大きな権力機構の中に入ろうとするのか、疑問が生まれた。沖縄の歴史を振り返ると、明治の琉球処分があって、国から強制的に日本人教育、いうところの皇民化教育を押しつけられ、沖縄の文化を否定するような考え方に順化されていく。特に沖縄の言葉を非文化的だとして、

インタビューに答える新川明さん＝2022年4月15日

ヤマトグチを強制的に教えていくという政府からの強制があった。それにウチナーンチュは洗脳されて自分たちの文化をさげすんでいき、日本的なものにあこがれ、よりよい日本人として生きるという生き方になびいていった。

上から強制されることだけで同化政策、皇民化政策が成功するはずがない。沖縄の側から、日本人になろうと積極的に対応することでヤマトからの差別もなくそうと、すすんで国家の方にすり寄っていくような下からの精神の働きが合致しないと成功しないわけです。その結果が沖縄戦における

悲劇的な死と生を分ける問題になるわけでしょう。

こちらは同一民族ということであこがれていくんだけど、ヤマトの側の認識は違う。だから、自分から進んで国家にのめり込んでいく精神、つまり「復帰思想」を超克しないと人間的な生き方はできないと考えた。

――「復帰思想」への批判はどのようにして生まれたのですか。

琉球大学の学生のころ、米軍による土地の取り上げへの抵抗から復帰運動が盛んになってきた。当然、ぼくも日本に復帰すべきだと思っていた。日本国憲法に書かれた夢みたいな民主主義の社会に、ものすごくあこがれていた。

沖縄タイムス社に入社して、労働組合を作って１９５７年に鹿児島に飛ばされた時、会社の仕打ちに怒りながら一方ではあこがれの日本に行けると喜んでいた。

最初に日本に違和感をもったのは鹿児島でのこと。街頭テレビの大相撲中継で「君が代」が流れると、どんなに道ばたでだらんと見ていた人も急に直立不動になって、演奏が終わるまでやっているのにびっくりした。天皇は戦後、人間宣言をしたはずなのに、何も変わってないじゃないかと。民主主義の日本に対する憧れは、そこでまずくじかれた。

その後、大阪に配転になり、沖縄不在の60年安保闘争に失望し、島尾敏雄に影響を受け、だんだんと日本は憧れの社会ではない、という気持ちが芽生えてきた。

63年に沖縄に戻ったが、すぐに八重山支局に飛ばされ、５年間を過ごした。島々を巡り、「新南島風土記」を沖縄タイムスに連載する。その取材で辺境からの視点を獲得。そこへ川満君が『本土復帰の幻想』という本を送ってくれた。かつての琉大文学（琉球大学の学生たちの文芸集団）の仲間たちが熱っぽい議論をしているのを見て、このままぼけっとしていられない、那覇に帰って、沖縄の直面している状況について考えるべきだと思った。当時の編集局長、上間正諭さんに、本社に返してくれと長文の手紙を書いて、69年にやっと本社編集局への異動がかなった。

編集委員として明治から昭和にかけて、沖縄における反体制的な民衆運動を掘り起こす「叛骨の系譜」という連載を始めた。その中で考え方が固まってきた。70年の1月1日には「沖縄と70年代」の連載が始まる。ぼくはこの連載の最初を担当したので、毎日書くためにたくさん勉強した。

―この本に所収している「〈復帰〉思想の葬送」では、その「沖縄と70年代」に書いた謝花昇論への反響について書いています。

「沖縄と70年代」の7月14日付、「思想史の空白」は、「復帰思想」をテーマにした初めての文章だ。近代沖縄で民権運動を展開した謝花昇や、「沖縄学」を提唱した伊波普猷の思想的限界を指摘したところ、復帰絶対を掲げる沖縄人民党から批判され、日本共産党機関誌『前衛』でもたたかれた。復帰を目指す「運動」に対する反対ではなく、ウチナーンチュが自分から国家にすり寄っていく精神のあり方、つまり「復帰思想」の否定であるという論旨は、一般社会でも分かってもらえなかった。

復帰運動の中に「平和憲法のもとに帰ろう」というスローガンがあった。それについてもぼくは共鳴しなかった。今の日本国憲法を全面的に支持しますか、と聞かれたらぼくは絶対にノーです。第一条は国民の総意によって、象徴として天皇を頂くというわけですから、そこに加わりたくない。また、第9条は沖縄を分離して、そこに米軍基地を排他的に使用するという前提があったから成り立ったわけです。沖縄の差別的な構造の根本には第9条があるということを、僕たちは、ウチナーンチュは肝に銘じておくべきだと思う。

国民主権ということで自由が保障されており、とりわけ第9条、軍隊を持たない、戦争をしない、すばらしいですよね。その非戦の思想を絶対支持する。同時に、そのもう一つの側面によって沖縄の犠牲の上で日本国民の安全が担保されていることを日本人（ヤマトンチュ）は知るべきだ。

―「反復帰論」の視点から見ると現在はどうですか。

復帰の時点で残ったアメリカ軍の軍事基地にプラスして自衛隊が進駐して、いまや両方一緒になって中国の脅威を駆り立て、その防衛のためにと、奄美から与那国まで、自衛隊基地を強化し、琉球弧全体を軍事要塞化している。そういう状況にありながら、復帰50年を日本政府と一緒にお祝いしようというのが今の沖縄。復帰思想から、どうしてもね、抜け出しきれない。

―沖縄の自立といったときに「人間的な」ということばをおっしゃっていました。

沖縄は精神的な豊かさを求めて復帰を目指したと思う。復帰した後、実際沖縄は見違えるように発展している。

しかしそれが幸せな生き方というとそうではないわけで、現実には明日にでも戦争が始まりかねない状況にだんだん持って行かれている。もはや戦後ではない、戦前だと言われるわけですが、戦前を通り越して戦争前夜の状況です。

この状況にどのように立ち向かっていくか。辺野古にしても沖縄側から何度も、国に抗議したり要求したり反対しても、まったく問題にせずに日本政府は工事を進めるでしょう。政府も、国会、裁判所も、三権のいずれも、沖縄が何を言おうがどうとも思ってないわけです。しかし国家というのはそういうもの。なぜそうなるのか。沖縄側に問題があるのではないか。いつまでも日本という国を自分の寄り添うべき国だとして、何かというと日本に遠慮して、補助をもらって、と言う発想。つまり復帰思想です。

日本の施政権者は、どうせウチナーンチュはいつまでたっても、日本に寄り添いたいと思っていて、かつての復帰思想からどんなことがあっても抜けだせるわけがないと高をくくっていると思う。ウチナーンチュの「復帰思想」を根っこで断ち切らなくては、沖縄の自立は難しい。

【インタビュー2】

仲宗根勇さんに聞く

（2022年4月20日実施）

――「反復帰論」の特集に書いた当時、どのように考えてらっしゃいましたか？

沖縄は「琉球処分」で日本国家に併合され、同一化教育をされた結果、戦争で捨て石にされて無残な運命をたどったことを忘れた形で、再び国家に寄り添い、憲法自体が安保体制によって侵食されていた状況を見ずにそれに過大な期待をかけた復帰運動があった。

1972年の「復帰」が近づくにつれ、米軍基地がなくならないなどの内実が分かり、「復帰不安」という言葉が沖縄社会に広がるようになっていた。それを「おかしい」と思いながらも、なぜこうなったのかということを、復帰運動の思想内容にまでさかのぼって考える人は少なかった。そこが問題だと考えていた。「復帰」する「祖国」にしても、琉球王国以外に「祖国」はないはずだのに、なぜ日本復帰なのか、おかしいと考えていた。復帰運動の主流派に対する反対の思いをかけた思想運動だった。

ぼくは東京大学の学生時代から、民族主義的な復帰運動はおかしいと思っていた。卒業して沖縄に帰り、実際に復帰運動に参加したらそういう状況だったので、それまで考えていた復帰運動の問題点を書いて新聞に投稿したり、『新沖縄文学』の懸賞論文に応募して入選したり、その後も『新沖縄文学』や「沖縄タイムス」、「琉球新報」に書かせてもらって、結果的に新川明さんや川満信一さんの思想の共有者となっていった。

──「沖縄の遺書」は激しい口調ですね。

あの頃は若くて、怒りに燃えていた。復帰運動には官公労の組合員として加わっていた。復帰協（沖縄県祖国復帰協議会）の動員する集会には全部行き、そこで反復帰のビラをつくってまいたり、主流派批判をしたり、官公労の書記長とかと議論したりした。復帰運動の中の小さな反対運動をしていた。復帰運動体の中に実際に入って一緒に行動しながら、復帰思想の内実を問題にしてきた。『新沖縄文学』18号の反復帰論特集の論考で書いた「復帰運動とは結局のところ島の祭りであった」という言葉も、運動に参加して見えた内実からでた表現だ。統一した考えなどなく、参加者それぞれの立場でやるというのが祭りでしょう。組合員として行動せずに、批判ばかりというのは通らない。

インタビューに答える仲宗根勇さん＝2022年4月20日

佐藤栄作首相が来沖した時、中央の解散命令に従わずに東急ホテル前の軍道上に座り込んで阻止しようとしたのも執行部とは違う行動だった。復帰協の主流的な組織や復帰運動に対するノンをちゃんと突きつけてきたことが、私の反復帰論の原点にある。

―沖縄にどうなってほしい、と思っていらっしゃったんですか？

沖縄は近代以降、日本国家にいいように利用され、第二次大戦で戦場になってたくさんの県民が死んだ。民族主義的な復帰運動を経て復帰すると、また戦場になるかもしれないと考えた。こういうことが続くようであれば独立して、封建社会の琉球王府時代ではなく、もっと違う形の沖縄として、自立する道を考えるべきだと。1981年に『新沖縄文学』に書いた「琉球共和国憲法」の草案はそういう発想だった。

―現在、沖縄が自立するとはどういうことだと考えますか。

日本から切れることによって、日本の呪縛がなくなり、軍事基地も撤去せざるを得なくなり国際連合とか国際条約支援のもとで、本当に自立できる道を探る。このままだと、再び沖縄が日本の道具のように、いいように使われる。多くの日本人はいまなお沖縄人を、「遅れてきた日本人」というか、異族視している。一方で沖縄の若い人たちは生活の中で完全に日本人化している。もっと若い人たちに、なぜ琉球国が明治政府によって併合処分され、早くから日本語教育とか国民化教育が実施され、選挙権や土地制度などでも差別を受け、その結果先の戦争でどれほどひどい目にあったのか、沖縄の歴史を学んでほしい。そういう国に寄り添っていこうとした復帰運動のおかしさが厳しく問われずに現在に至っているということを、若い人たちにもっと考えてもらえば、沖縄の現状を打開する道も見えてくるのではないか。

沖縄の中で分断が相当進んでいることは、辺野古の問題一つとっても明らかになっている。沖縄をこてんぱんに差別して、強行政治をやりながら投げた餌に食らいつく「利」の部分と、あくまで辺野古反対、戦争反対、沖縄の自治を守れという、「理」の部分に分断されている。その分断を乗り越える道をもっと県民が真剣になって考えるべきだ。分断が今の自公政権を安泰にさせている。しかもだんだんアメとムチのアメの部分に寄り添うような流れが強くなりつつあることが、名護市長選など、幾多の地方選挙で現れている。そういう事大主義が芽生えだしている。

―いまのままだとどうよくないのですか。

県民の自覚ですよね。利益の利でなく理論の理を求めて。選挙でも、投票日だけの有権者でなく毎日政治を見つめる訓練を県民はやらないと、沖縄の将来は危ない。国家にいいように利用されて、沖縄が消滅する重大危機を迎えているわけです。米中の対立が続く限り、沖縄は本当に危ないですよ。

―「県民の自覚」を促すのに反復帰論ができることは?

国のいうことは簡単に信ずるなと警鐘を鳴らすことだ。基地の70%あまりをこっちに押しつけといて自分たちはのうのうと暮らしている日本国民に対する期待はあまり持てない。日本国家に対する、冷徹な目を養うような教育をしてほしいが、国家に反逆するような人間でなく、上の言うことを唯々諾々と聞くような道徳教育など、安倍政権下で教育基本法が改悪されている。先生方もカリキュラムにしばりあげられて、自由な発想で教育する余裕がなくなっている。自分で考えるよりもみんなが考えるように、みんなと一緒にと、個性が育たないような教育しか今はできていない。戦争国家への準備が着々と進められている感じだ。

前途に希望がないな。暗い。辺野古の新基地反対運動も２０１４年から、コロナが始まって集まれなくなるまで５、６年ずっと通ってきたが、最初のころ２００人ぐらい集まったのがいまや2桁台。運動自体が質量とも弱体化している。一方、国は「行政不服審査法」という法律を悪用して、国が沖縄の法的対応を無効化して圧倒して、法廷闘争では県がやることやること全部敗訴している。現場では人間は減ってきているし。使うべき法律をもっと他にあるはずだけど、できればもっと全国から弁護団を結成して国家と対抗できるようなことを思い切ってやらないと、同じ陣容で同じ法律をつかって国が繰り出す法的手段に対応していくだけという、これまでの受動的な対応しかできていないし。暗いですね。一方、反対運動の現場、宮古や八重山における自衛隊のミサイル基地反対運動に対しては、「オール沖縄」は辺野古の反対運動のようには、先島の運動を応援しきれていない。

——今の状況を反復帰論に照らしてみるとどうですか？

復帰運動に対する絶望は50年前も今も一緒で、60年代からの復帰運動体の思想性あるいは無思想性が、復帰

50年の現在の沖縄に軍事要塞化された危機的な状況を招いたと思っている。これは72年復帰のとき、当然に予見できた問題だったんです。

今、「台湾有事」といってあおりたてられ、軍事要塞化され、もしウクライナのような状況になったら、中国が核を使わざるをえない状態になったら、それこそ沖縄は一気に蒸発するしかない。ここまで追い込まれているわけです。復帰時点での復帰運動体の考えが甘すぎたというか、日本国に幻想を持ちすぎた。日本国憲法のもとへの復帰といったって安保体制によって侵食されていた憲法の現実が全然前提にされていなかった。根本にある思想は母なる祖国幻想、国家幻想ですよね。もっと、われわれ、新川さんなどがいったように、国家の論理を冷徹に見つめて、反復帰論をもって復帰運動体を組織化できていれば、反基地がメーンになっていれば、今のような復帰50年の危機的状況を招くようなことはなかったのではないか。

反復帰論を無視した結果、現在があるということです。

そういう暗い時代にもう一度、反復帰論をまきなおして、反復帰論の思想の軸をもって、国家と政府と対抗していく気概をもたないといけないと思う。復帰50年目の反復帰論を喚起すべきだ、と改めて思う。

増補「反復帰論」を再び読む

編　者　沖縄タイムス社
2022 年 5 月 15 日初版発行
2023 年 6 月 23 日増補版発行
発行人　武富和彦
発行所　沖縄タイムス社
〒 900-8678 沖縄県那覇市久茂地 2-2-2
電話 098-860-3000（代表）
URL　https://www.okinawatimes.co.jp
印　刷　株式会社 東洋企画印刷
表紙画 翁長自修
デザイン 池間寿和子
ISBN 978-4-87127-302-2